Marina Kaiser

Engel begleiten Dich

Marina Kaiser

Engel begleiten Dich

Ein himmlischer Reiseführer für jeden Tag des Monats

Mein DANK

Ich danke meiner Mutter,
die schon ganz früh in ihrer zärtlichen, liebevollen und phantasiereichen Weise
den Samen in mir gelegt hat für das Vertrauen in die Hilfe
und den Schutz der Engel.

Ich danke meiner Lebens- und Seelengefährtin, Gabi Gabriel,
ohne die das Buch nicht geschrieben worden wäre,
dass sie mir in ihrer weisen fürsorglichen Art oftmals zum Engel wird.

Ich danke meiner Tochter, meiner kleinen großen Kaiserin,
dass wir uns im Herzen so nah sein können,

meinem Freund, der mir in seiner Geduld und Güte
des öfteren zum Meister wird,

und all meinen irdischen und überirdischen Freunden
für ihre Wertschätzung, Ermutigung und Unterstützung.

Ihr alle nehmt mich so wie ich bin - das ist mein größter Reichtum!

Wenn einer allein träumt, dann ist es nur ein Traum,
wenn viele träumen, dann ist es der Beginn einer neuen Wirklichkeit.
(Helder Camara)

Bibliografische Informationen der Deutschen Bibliothek
Die Deutsche Bibliothek verzeichnet diese Publikation in der Deutschen Nationalbibliografie; detaillierte bibliografische Daten sind im Internet über http://dnb.ddb.de abrufbar.

Marina Kaiser
Engel begleiten Dich
Ein himmlischer Reiseführer für jeden Tag des Monats
1. Auflage 2004

63674 Altenstadt

Umschlaggestaltung und Layout: Maria Anna Schmitt
Satz und Litho: XPresentation, Boppard
Druck: FINIDR, s.r.o., Czech Republik

Bitte besuchen Sie uns im Internet unter: http://www.grasmueck-verlag.de

ISBN 3-931723-26-7

Inhalt

Vorwort

Liebe Leserin, lieber Leser,

ich freue mich darauf, Dich mit diesem Buch auf eine Reise zu Dir selbst, zu Deiner Engel-Natur und zu den Engel-Energien in Dir und um Dich herum einladen zu können.

Die folgenden Engel-Botschaften habe ich in der Meditation, also im Raum meines Herzens, empfangen. Da wir im Herzen alle miteinander verbunden sind, habe ich mich bereits hier im Vorwort für die vertraute Anrede „Du“ entschieden. Das Herz lässt sich leichter mit „Du“ anreden.

Geht es Dir ähnlich wie mir? Zuweilen gibt es Situationen, da meine ich zu wissen, was jetzt gut wäre zu denken oder auch zu tun. Aber ich kriege das Wissen vom Kopf nicht in den Bauch. Die Kraft dieser Gedanken reicht nicht aus, mein Handeln und vor allem mein Fühlen wirklich nachhaltig zu beeinflussen. In diesen Momenten nützen mir auch alle positiven Worte und Affirmationen nicht viel. Ich brauche einen Fahrstuhl, der vom Kopf durchs Herz in den Bauch führt. Manchmal ist es auch so, dass ich nicht einmal weiß, was hilfreich wäre. Dann - und nicht nur dann! - ist es für mich eine große Erleichterung, die Engel und Helfer aus der Lichtebene um Hilfe bitten zu können. Wenn ich als Mensch mit meinem Wissen, Wollen und Können am Ende bin, dann gelingt etwas Unerwartetes, nicht Planbares, dann geschieht etwas mit mir, in mir und um mich herum, was ich nur als Gnade bezeichnen kann. Denn ich habe es weder „gemacht“ noch verdient. Diese Gnaden-Erfahrungen durfte ich schon oft machen in meinem Leben, sie sind meine wertvollsten Schätze und führten mich dazu, dass Inspiration, Unterstützung und Bereicherung durch die geistigen Kräfte des Lichts zu einem festen Bestandteil meines Lebens geworden sind.

Engel sind für mich in den letzten Jahren zu meinen persönlichen Ansprechpartnern geworden und führten mir die Hand auch in diesem Buch, das Dich einladen will, die Kräfte der Engel mit viel mehr Selbstverständlichkeit zu nutzen, als es oftmals üblich ist.

Durch ihre Unabhängigkeit von Zeit und Raum können Engel gleichzeitig vielen Menschen gegenwärtig sein. Sie bewegen sich leicht und mühelos von Ort zu Ort und können in Gedankenschnelle bei Dir sein. Ich möchte Dich, lieber Mensch, in einer persönlichen Erfahrungsreise mit ihnen bekannt machen. Auf dieser Reise bist Du niemals allein. Hilfreiche Energien, Engel und Meister stehen Dir stets zur Seite, wenn Du es möchtest.

Weil alle, die zu diesem Buch einen Zugang haben, am gleichen Tag das entsprechende Engel-Thema lesen, sind wir durch die gleiche Engel-Energie miteinander verbunden. Die Wirkung dieser Kraft wird dadurch, dass viele den gleichen Gedanken denken, um ein Vielfaches verstärkt werden - wie die Geschichte vom Hundersten Affen zeigt:

Nachdem ein Affe auf einer Insel die Idee in die Tat umsetzt, seine sandige Banane im Meer zu waschen, taten es ihm seine Artgenossen nach, worauf bald auch die Affen anderer Inseln ihre sandigen Früchte wuschen - ein Hinweis darauf, dass ein mehrfach gedachter Gedanke wie ein Funke auch auf örtlich entfernte Wesen überspringt, die sich zu etwas Neuem inspiriert fühlen, ohne zu wissen, woher die Idee kommt.

In diesem Buch gibt es für jeden Tag des Monats einen Engel. Dieser geleitet Dich mit seiner hilfreichen Energie durch Deinen Tag. Es gibt Morgen- und Abendgedanken sowie Affirmationen, auf die Du Dich in mitten Deines Tagesablaufs in kurzen Momenten besinnen kannst.

Die Engelbotschaften und die Morgengedanken kannst Du zu Beginn Deines Tagesablaufes lesen und in Deinen Tag mitnehmen. Vielleicht magst Du zwischendurch Deine Aufmerksamkeit darauf richten, inwiefern sie sich auf die Situation des jeweiligen Tages beziehen lassen. Auf diese Weise spürst Du die Anwesenheit Deines höheren Selbst mehrmals am Tag.

Die Abendgedanken helfen Dir, den Tag in liebevoller Weise ausklingen zu lassen. Sie sollen Dich mit Vertrauensenergie aufladen und Dich in friedvolle Schwingungen versetzen. Auf diese Weise kommst Du in Verbindung mit einer geistigen Ebene, die Dir für die Nacht gut tun wird. Die Meister und Engel helfen ihren Schützlingen durch den Tag und durch die Nacht. Sie sind Deine ständigen Begleiter.

Für die 7 Tage im Jahr, die mit der Zahl 31 beginnen, könntest Du Dir entweder einen persönlichen Lieblingsengel aus dem Buch auswählen, oder das Buch nach dem Zufallsprinzip irgendwo aufschlagen und damit dem „Himmel“ die Entscheidung überlassen, welcher Engel für diesen Tag am hilfreichsten wäre. Oder aber, wir kreieren für diesen Tag selbst einen neuen zusätzlichen Engel, der ein ganz eigenes Erscheinungsbild bekommt.

Frage Dich einfach, welcher Engel würde sich jetzt, hier und heute, für mich gut anfühlen? Welche Botschaft würde ich mir von ihm wünschen? Welche Worte würden mir gut tun? Und Du kannst sicher sein, genau der richtige Engel wird mit passenden, liebenden Worten und Bildern den Weg in Dein Bewusstsein finden.

Ich würde mich übrigens darüber freuen, etwas über den einen oder anderen auf diese Weise neu dazugefundenen Engel erfahren zu dürfen.

Vielleicht hast Du ja Lust, liebe Leserin, lieber Leser, mir Deine Engelworte oder auch Deine Vorstellungen, Erfahrungen mit den Engeln, Gedanken oder Fragen zukommen zu lassen.

Dann schreib mir einfach oder ruf mich an:

Marina Kaiser
Hildburghauser Str. 10
12279 Berlin
Tel./Fax 030-721 89 38

Ich wünsche Dir nun viele wundervolle bereichernde Erfahrungen mit den Engeln, und grüße Dich aus meinem Herzen

Wann und wie auch immer Du auf diese Reise gehst -
Du gehst nicht allein!...
... denn Du bist niemals allein!

1. Tag des Monats
oder
1. Tag dieses 30-Engel-Zyklusses

Danach gehe zu dem Engel, der dem Tag des Monats entspricht, an dem Du, lieber Leser, das Buch gerade aufschlägst.

Es stellt sich Dir als erstes vor:

Dein Führungsengel

Nun, lieber Mensch, sag mir: Was glaubst Du - wer führt Dich durch den Tag?

Wer konstruiert die Begegnungen und Situationsabläufe, die Dir „passieren"?

Wer sorgt dafür, dass Du dieses oder jenes Buch liest, diesen oder jenen Film siehst ...dieses Lied hörst ...bestimmte Menschen triffst?

Wer lässt bestimmte Ereignisse zu, die zu Dir passen, die Deinen von Dir gewählten Erfahrungsqualitäten entsprechen, und wer wendet anderes ab, was Dir nicht entspricht?

Wer hat die Macht, die Zufälle auszuwählen, die Dir oftmals zu Deinem großen Erstaunen immer wieder mal in höchst passender Weise zufallen?

Die Führung in Deinem Leben hat eine Dir nicht immer bewusst zugängliche Ebene Deines unsterblichen, unbegrenzten Wesens inne, die Ebene Deiner höchsten Weisheit, Deiner tiefsten Liebe und Deiner größten Macht. Es gibt verschiedene Namen und Begriffe für diese Schwingung Deines Seins, die sich in der Unendlichkeit Deines Wesens (das sich weit über das menschliche, im Körper erfahrbare Bewusstsein hinaus ausdehnt) mit anderen Wesen verbindet: Dein höheres Selbst, Dein innerer Meister, Deine Seele, das innere Licht, Deine göttliche Quelle, Dein inneres göttliches Selbst, das Christus-Bewusstsein oder auch Dein Führungsengel.

Jetzt, in diesem Moment gibt er Dir folgende Botschaft zu lesen:

„Sei mir gegrüßt, geliebter Mensch!

In bedingungsloser, niemals endender Liebe bin ich bei Dir. Niemals werde ich Dich im Stich lassen, niemals werde ich über Dich richten oder Dich gar verurteilen, niemals werde ich Dich allein lassen. Meiner Liebe und meiner Nähe bist Du absolut sicher - an jedem Ort, in jedem Moment, denn ich bin in Liebe mit Dir verbunden. Wir zwei gehören zusammen! Du bist viel mehr, als Du oft glaubst, denkst und fühlst. Aus der Unbegrenztheit Deines göttlichen Wesens stammen meine Impulse. Und da in der Unbegrenztheit alles zusammenfließt, alles eins ist - in Liebe miteinander verbunden - spürst Du, wenn Du mit mir, Deiner eigenen höchsten, liebevollsten, friedvollsten Schwingung, verbunden bist, nicht nur meine Energie, sondern die Energie vieler unbegrenzter, göttlicher Wesen, die die Botschaft der Einheit in Liebe in verschiedenen Nuancen weitergeben.

Eigentlich sind alle höheren Selbst aller Lebewesen stets miteinander eins, in der Lichtwelt des Universums und damit seid Ihr, sind wir alle eins - ein göttliches Selbst - eine All-Seele.

Diese Einheit könnt Ihr aber, um als Mensch Erfahrungen in der begrenzten Welt der Materie machen zu können, nur sporadisch in Sternstunden mal spüren. Ihr braucht für Eure Wahrnehmungsfähigkeit eine gewisse Aufteilung der Energieschwingungen, weil Ihr nicht gleichzeitig alles erfassen könnt.

Wenn Du, geliebter Mensch, meine Botschaft in Reinformat wahrnehmen könntest, würde ich Dir dasselbe vermitteln wie alle höheren Selbst allen zu ihnen gehörenden Persönlichkeiten: Liebe, Einheit, Frieden, Verbundenheit ... Und der Weg, der zu dieser Erfahrung führt, ist eigentlich auch für alle im Wesentlichen gleich. Er geht über Vertrauen, Mitgefühl, Achtsamkeit, Gelassenheit, Zärtlichkeit ... Aber dennoch beschreitet ihn jeder Mensch in der ihm ganz eigenen Weise, gepflastert mit den individuellen persönlichen Geschichten und Erfahrungen, begleitet von den sichtbaren und unsichtbaren Freunden, die zu ihm in seiner Persönlichkeit passen.

Aus dieser Ebene heraus ist dieses Buch entstanden für alle diejenigen Menschen, denen die Schwingung dieser Worte und Energien eine passende Hilfe ist auf ihrem Weg zurück ins Bewusstsein der Einheit, der Liebe, nach Hause.

Du, lieber Mensch, gehst den Weg heim in Dein Herz, in Deine göttliche Quelle, nicht allein. Du hast Gefährten, die Du vielleicht schon kennst, und auch viele, die Deine Persönlichkeit noch nicht bewusst kennen gelernt hat. Zum Beispiel bist Du, während Du dieses Buch liest, verbunden mit den Menschen, die sich auch damit beschäftigen. Du hast also viele, Dir noch unbekannt scheinende Gefährten. Euere höheren Selbste in ihrer Unbegrenztheit kennen natürlich alle Persönlichkeiten. Sie sagen ihren Schützlingen alle das Gleiche:

WIR lieben Euch,
WIR unterstützen Euch,
Tag für Tag,
Nacht für Nacht,
an jedem Ort,
zu jeder Zeit,
und durch Euer Herz antworten stets in Liebe
WIR,
denn WIR sind mit Euch EINS.

Ich schicke Dir für jeden Tag einen Engel mit auf den Weg. Er erhellt und durchstrahlt mit seiner ihm eigenen Energie ganz bestimmte Aspekte Deines Seins und hilft Dir, alles möglichst leicht und mühelos zu durchleben. Ich schicke ihn Dir als einen Freund, der Dich durch Deinen Tag begleitet. All diese Freunde sind natürlich auch untereinander und mit mir verbunden. Ein liebevolles himmlisches Team, das Dir Deinen Weg heim zu Deinem Selbst, Deinem wahren Zuhause, erleichtern will.

Magst Du Dich uns anvertrauen? Du hast mein Versprechen: WIR machen es Dir leicht, das heißt, so leicht und liebevoll, wie Du es Dir selbst erlaubst. Und vielleicht weißt oder ahnst Du es bereits: Jeder Freund, jede Engel-Energie ist ein Teil Deines eigenen Selbstes. Bist Du dabei, die Einheit mit mir, Deinem höheren Selbst und allen

Engeln, sowie mit allen Gefährten, die mit ihren Engeln und höheren Selbsten an dem Seminar teilnehmen, zu erahnen?

Übrigens: Irgendwann kannst Du das Bewusstsein dieser Einheit in Liebe auf alle Menschen und Wesen ausdehnen ... Aber das ist jetzt vielleicht schon etwas zu weit vorgegriffen.

Kommen wir zurück auf Dich und Dein Leben, lieber Mensch. Bist Du bereit, Dich von mir und meinen Freunden , den Engeln, an die Hand nehmen zu lassen? Darf ich Dich nun weiterführen?"

Flucht und Führung

Morgen - Gedanken

Hallo, guten Morgen, liebes Wesen!

Ich begrüße Dich ganz herzlich, heiße Dich willkommen an diesem Tag und möchte Dir einen Vorschlag machen: Wie wäre es, wenn Du diesen Tag zu einem besonderen Tag machst, indem Du ihn Deiner göttlichen Führung widmest? Vielleicht magst Du jetzt für einen Augenblick Deine Augen schließen und Dich entspannen. Du kannst dabei Deinem Atem folgen und Dich sanft bei jedem Ausatmen tiefer fallen lassen in Dein Inneres hinein. Wenn Du in einem Gefühl gewisser Ruhe angelangt bist, lass Dir ein Symbol oder/und ein Wort oder einen kurzen Satz kommen, um die Verbundenheit mit mir, Deinem höheren Selbst, zu repräsentieren. Du kannst als Hilfe dazu langsam bis drei zählen. Dann akzeptiere, ohne zu analysieren oder zu beurteilen, das Bild, den Gedanken, der sich kurz nach „drei" bei Dir einfindet.

Sollte gar nichts „kommen", kannst Du Dir bewusst ein Symbol aussuchen (z.B. ein Plus-Zeichen oder eine liegende Acht oder einen Stern, ein Herz, eine Rose ...).

Wenn Du nun an diesem Tag vor einer kleinen Herausforderung stehst, oder wenn Du einfach nur etwas zu erledigen hast (eine Aufgabe, ein Telefonat, einen Brief, ein Gespräch, den Abwasch ...), nimm zuvor drei ruhige, sanfte Atemzüge und male in Gedanken dieses Symbol, oder denke einfach daran. Es verbindet Dich mit mir, der Energie Deiner göttlichen Führung, mit Deinem höheren Selbst, Deinem inneren Meister. Diese Energie wird Dir helfen, das, was zu tun ist, in einer liebevollen Grundhaltung zu tun.

Beobachte dabei oder kurz danach, wie Du Dich in der entsprechenden Situation fühlst/gefühlt hast? Was ist/war anders als sonst? Etwas sei Dir vorab schon verraten: Dinge, die Dir sonst schwer fallen, denen Du am liebsten entfliehen würdest, werden leichter, wenn Du sie in der bewussten Verbindung mit mir, Deinem höheren Selbst, angehst.

Einen frohen Tag voll Licht und Vertrauen wünscht Dir, lieber Mensch,
Dein Führungsengel

Affirmationen

Ich bin sicher und liebevoll geführt von der Weisheit
meines inneren Selbst.

Die Kraft der Liebe führt mich zu meiner höchsten Erfüllung.

Mehr und mehr erkenne ich die führende Energie
meines höheren Selbst.

Mein höheres Selbst führt mich liebevoll und sicher
durch die Gezeiten meines Lebens.

Ich lasse mich lieben, ich lasse mich führen
von meinem höheren Selbst.

Alles, was das Leben an mich heranträgt,
verstehe ich als Wegweiser, den mein Meister mir schenkt.

Die Zufälle meines Lebens führen mich immer tiefer
hinein in den Zustand der Liebe.

Abend - Gedanken

Guten Abend, lieber Mensch!

Gab es heute Momente, in denen Du an Dein Verbindungssymbol mit mir, Deinem höheren Selbst, gedacht hast? Wie hast Du Dich damit gefühlt?

Hast Du die Führung durch Dein höheres Selbst heute in irgendeiner Weise wahrgenommen?

Alle Dinge, die Dir „geschehen“ oder zufallen, werden Dir von mir, Deinem inneren Meister, geschickt. Auch wenn Du es nicht immer erkennen kannst, dient alles Deiner Weiter-Entwicklung und Deiner Selbst-Erkenntnis. Die Menschen und Ereignisse, die Dich gefühlsmäßig berühren, sind für Dich Spiegel Deines eigenen Denkens, Fühlens und Handelns. Sie zeigen Dir besonders etwas darüber, wie Du zu Dir selbst stehst, wie Du mit Dir umgehst, was Du über Dich denkst.

Wer oder was ist Dir heute begegnet? Wie wirkte das auf Dich? Welcher „Zufall“ ist heute „passiert“?

Das Bewusstsein, dass alles, was Dir geschieht, etwas mit Dir zu tun hat, und dass nichts ohne Sinn geschieht, ist der erste Schritt zu einer (noch) liebevolleren Beziehung mit Dir selbst.

Ich, Dein höheres Selbst, führe Dich von Zufall zu Zufall, um Dir zu helfen Dich selbst zu erkennen und Deine Schöpferkraft für Dich selbst einzusetzen, anstatt wie noch so manches Mal gegen Dich. Übrigens: Alle Gedanken sind schöpferisch, nicht nur die aus der höchsten Ebene.

Eine innere unbewusste Überzeugung wie „Ich bin nicht liebenswert“, wirkt schöpferisch und zieht einen Menschen an, der Dir in irgendeiner Weise diesen Gedanken spiegelt. Vor diesen Spiegelungen würdet Ihr am liebsten fliehen, weil sie verständlicherweise unangenehm sind.

Mit Hilfe meiner liebenden Kraft kannst Du die Spiegelung erkennen, die Botschaft entschlüsseln und Deine unbewusste Überzeugung über Dich oder das Leben entdecken. In dem Moment, wo das gelungen ist, ist der Spiegel im Außen nicht mehr nötig.

Du kannst nun mich, Deinen Führungsengel, bitten Dir bei der Verinnerlichung eines neuen, von Dir bewusst gewählten Gedankengutes zu helfen, um damit angenehmere Begegnungen und Situationen in Dein Leben zu bringen.

Ich schickte Dir im Rahmen Deiner vorhandenen bewussten und unbewussten Überzeugungen immer das Beste und Liebevollste, was möglich ist. Ich helfe Dir, wenn Du damit einverstanden bist, diesen Rahmen immer mehr zu erweitern und liebevoll zu gestalten. Ich kann Dir aber nichts schicken, was Deinem Denksystem total entgegensteht, da ich Dir Deine eigene Entwicklung im Rahmen Deines persönlichen freien Willens lassen will. Ich liebe Dich so sehr, dass ich Dir erlaube, alle Erfahrungen zu machen - auch die des Trotzes, der Abwehr und der Abgetrenntheit. Und ich weiß, dass Du mehr und mehr erkennen wirst, dass Du im Einverständnis mit mir, Deiner göttlichen Quelle, alles leicht und liebevoll erleben kannst. Das Wagnis, Deine persönlichen Kontrollmechanismen aufzugeben und Dich mehr und mehr meiner liebenden Führung anzuvertrauen, lohnt sich.

Wenn Du magst, probier es Schritt für Schritt aus. Dein Verbindungssymbol kann Dir dabei helfen.

Bevor Du nun einschläfst, kannst Du noch einmal an dieses Zauberzeichen denken, während Du Dich in meinen Lichtschoß einkuschelst und in den Schlaf gleiten lässt.

Eine gute Nacht wünscht Dir
Dein Führungsengel

2. Tag

Heute gibt Dir Dein höheres Selbst den

Engel der Fürsorglichkeit

mit auf den Weg.

Er begleitet Dich mit seiner liebevollen Energie durch den Tag und gibt Dir immer wieder Impulse, Dich zu verwöhnen oder verwöhnen zu lassen.

In diesem Moment schickt er einen Lichtstrahl in Dein Herz und sagt zu Dir: „Sei selbst Dein bester Freund, geliebter Mensch. Ich helfe Dir dabei, indem ich Dir Ideen schicke, wie Du Dir heute Gutes tun kannst. Ich verbreite eine Atmosphäre von Wärme und Geborgenheit.

Magst Du Dir etwas Zeit dafür nehmen und Dich in meine Flügel kuscheln? Meine fürsorgliche Energie ist wie eine Kuscheldecke, die Dich weich umhüllt. Darf ich Dich durch den Tag tragen? Zusammen mit meiner Energie wirst Du Wege finden, wie Du Dich selbst liebevoll umsorgen und verwöhnen kannst."

Sorge und Fürsorglichkeit

Morgen - Gedanken

Guten Morgen, liebes Wesen!

Ich wünsche Dir einen besonders guten Tag heute. Dafür möchte ich Dir ein paar Tipps geben:

Gibt es etwas, worüber Du Dir Sorgen machst? Wenn ja, übergib die Angelegenheiten heute immer wieder (wenn diese Sorgen-Gedanken kommen) Deinem höheren Selbst.

Denk daran, dass Deinem Führungsengel alles möglich ist, und dass er Dir hilft, wann immer Du um Hilfe bittest.

Beschließe, heute zu Dir besonders liebevoll und fürsorglich zu sein und plane eine gewisse Zeit am Tag ein, in der Du Dich verwöhnst und gut zu Dir bist. (Kerze, spannendes Buch, Ölbad, Lieblingsmusik, malen ...)

Vielleicht magst Du jemanden um eine fürsorgliche Handlung bitten? Du könntest einen Freund oder eine Freundin fragen, ob Du sie auf einen Tee besuchen kommen kannst, oder ob Ihr Euch eine Massage geben wollt, oder ob Du einfach für eine Weile Deinen Kopf in den Schoß der/des anderen legen kannst ...

Wann immer Sorgen kommen, stell Dir vor, wie Du sie in kleine Wölkchen hüllst und wie diese davonschweben, dem Licht entgegen - und sich dort auflösen.

Wenn Du Lust hast und Dich kraftvoll fühlst, lass jemand anderem auch Deine Fürsorglichkeit zuteil werden, in einer Weise, die Dir Freude macht!

Einen Tag voll Wärme und Wohlbehagen wünscht Dir,
geliebtes Wesen,
Dein Engel der Fürsorglichkeit

Affirmationen

Ich bin liebevoll eingebettet in die Fürsorglichkeit des Lebens, die sich mir mehr und mehr offenbart.

Ich bin ein liebendes Wesen voll Fürsorglichkeit für mich und andere.

Ich bin voll Fürsorglichkeit und Liebe für mich selbst und für alles, was mir anvertraut ist.

Ich bin geborgen in der Fürsorge meines göttlichen Meisters.

Ich übergebe mich Gottes liebender Fürsorge.

Fürsorglich und liebevoll gestalte ich jeden Tag meines Lebens.

Fürsorglich gehe ich mit mir durch den Tag.

Geborgen in der Fürsorge meines höheren Selbst entspanne ich mich in die Nacht hinein.

Die Fürsorge meines höheren Selbst durchstrahlt mein Leben mit Wärme und Geborgenheit.

Abend - Gedanken

Guten Abend, lieber Mensch!

Nun, wie hast Du diesen Tag verlebt? In welcher Weise warst Du heute fürsorglich zu Dir selbst? Wenn Du magst, bedanke Dich bei Dir dafür.

Warst Du heute fürsorglich zu jemand anderem? Wie hast Du Dich dabei gefühlt?

Kannst Du folgendes Zitat bejahen? „ ... denn die Freude, die wir geben, kehrt ins eigene Herz zurück!"

Erfreue Dich an Deiner Gabe, Freude zu verschenken. Indem Du andere erfreust durch Deine Fürsorglichkeit (z.B. Blumen, Zeit, einen guten Gedanken, ein Lächeln), spürst Du Deinen inneren Reichtum.

Wie fürsorglich war das Leben heute zu Dir?

Hat Dir heute jemand etwas geschenkt oder Dich in irgendeiner Weise verwöhnt? Bedenke, dass Dein höheres Selbst auch durch diesen Menschen gewirkt hat. Dein innerer Meister hat ihn Dir in dieser Weise geschickt!

Wenn Du magst, bedanke Dich für jede kleine Geste der Fürsorglichkeit, die Du heute geschenkt bekommen hast. Das, wofür Du dankst, wird mehr und mehr ...

Bevor Du einschläfst denke daran, dass ich bei Dir bin und kuschle Dich ganz in meine liebevolle Energie hinein.

Schlaf gut und hab' angenehme Träume.

Ich, **Dein Engel der Fürsorglichkeit**, sorge für Dich - auch im Schlaf.

3.Tag

Heute erhellt der

Engel der Wahrheit

Deinen Weg.

Er hilft Dir, dass Du heute offen und empfänglich bist für Deine tiefste Wahrheit. Wenn Du sie manchmal aus den Augen verlierst im oft hektischen Dschungel der Tagesereignisse, führt er Dich wieder zurück auf Deinen Seelenweg und erinnert Dich daran, was Du wirklich willst. Diese Erinnerung fühlt sich an wie ein kleiner Lichtblitz in Deinem Kopf, als würde ein Schalter angeknipst, der Dich die Stimme Deines Engels hören lässt. Gerade sagt er zu Dir:

„Hallo, lieber Mensch! Hörst Du mich? Ich weise Dich in Zweifeln und Herausforderungen immer wieder auf Deine eigene innere Wahrheit hin. Vertraue meiner Führung.

Trotz Deiner auch vorhandenen Angst halte Dich an das Wissen tief innen, dass jede Herausforderung ein lohnendes Abenteuer ist und dass ich Dir dabei liebend zur Seite stehe.

Die Wahrheit fühlt sich lebendig, leicht, grenzenlos und gut an - hinter allen Zweifeln.

Für jeden Moment dieses Tages weise ich und ebne ich Dir den Weg Deiner tiefsten Wahrheit und unterstütze Dich darin, ihn zu erkennen und zu gehen.

Ich helfe Dir, Dich selbst in Deiner Wahrheit anzuerkennen und möglichst oft auch im Außen die wundervolle Erfahrung zu machen, mit Deiner Wahrheit angenommen zu sein.

Ich möchte es Dir leicht machen, Deine Wahrheit zu erkennen und zu leben!

Übrigens: Die tief innerste Wahrheit Deiner Seele passt immer zusammen mit den Herzenswahrheiten aller anderen Wesen, auch wenn das auf der Ebene der Persönlichkeit manchmal ganz anders scheint. Denn in unserer Existenz sind wir alle Teile einer grenzenlosen All-Seele."

Illusion und Wahrheit

Morgen - Gedanken

Einen klaren, kraftvollen guten Morgen wünsche ich Dir, liebes Menschenwesen!

So sehr sehnst Du Dich danach, die tiefste Wahrheit in allem, was Dir begegnet, und vor allem in Dir selbst zu erkennen, nicht wahr?

Manches Mal hast Du dich gefragt, wie kann ich die Wahrheit von all den Illusionen der menschlichen Spiele unterscheiden?

Deinem Wunsch nach Erkenntnis will ich gern entsprechen und Dir eine ganz wesentliche Wahrheit offenbaren: Die tiefste Wahrheit findest Du in Deinem Herzen, das die Essenz Deiner inneren göttlichen Quelle beinhaltet, und alles, was von dort kommt, fühlt sich friedvoll, gütig und leicht an. Manchmal fragst Du Dich vielleicht: Kann es denn so einfach sein? Ich aber sage Dir: Alles, was sich schwer und angsterregend anfühlt ist eine Illusion. Dein innerer Meister, Deine innere Göttin, kennt die Wahrheit über Dich und Dein Leben und sagt zu Dir: „Wenn Du mich, Dein inneres göttliches Selbst, wirklich kennen würdest, bräuchtest Du Dich niemals mehr zu fürchten."

Dass Du heute Deinen inneren Impulsen vertrauensvoll folgen kannst und in der Wahrheit Deines Herzens ruhst, wünscht Dir
Dein Engel der Wahrheit

Affirmationen

Liebe, Freude und Freiheit ist meine tiefste Wahrheit -
ich lebe meine Wahrheit in Frieden.

Meine Wahrheit ist das Licht in mir.
Deine Wahrheit ist das Licht in Dir.

Das Licht in mir grüßt das Licht in Dir
und offenbart unsere Wahrheit.

Ich lebe in der Wahrheit meines Herzens
glücklich, lebendig und schön.

Abend - Gedanken

Guten Abend, lieber Mensch!

Nun, wie war Dein Tag heute? Hast Du eine Wahrheit über Dich entdecken können in all den Spiegelungen Deines Lebens? Bitte, bedenke dabei: Wenn Du bemerkst, dass ein anderer Mensch in irgendeiner Weise hart oder aggressiv agiert, muss das nicht heißen, dass Du hart zu anderen Menschen bist. Oftmals spiegelt es vielmehr eine Härte, die Du dir selbst gegenüber angedeihen lässt. Schau Dir vor allem auch an, was Du an anderen würdigst und als achtenswert anerkennst. Diese Qualitäten sind auch in Dir, sonst könntest Du sie in Deinen Mitmenschen gar nicht wahrnehmen.

Vielleicht ist jetzt ein guter Zeitpunkt, Dich zu fragen:

Wem bin ich heute begegnet?

Wer hat mich emotional berührt und welche Qualität hat mir dieser Mensch in seinem So-Sein gespiegelt?

Konnte ich leicht die Wahrheit meines Herzens erkennen und vertreten oder gab es Situationen, in denen ich damit Schwierigkeiten hatte?

Aber denke nicht zu lange darüber nach!

Die für Dich im Moment wichtigen Wahrheiten kommen schnell und spontan an die Oberfläche Deines Bewusstseins oder sie lassen Dich momentan in Ruhe. Auch das hat seinen Sinn.

Wenn Du magst, kannst Du vor dem Einschlafen darum bitten, dass Dir Dein Inneres im Traum eine Wahrheit offenbart. Gerade, wenn Dich ein bestimmtes Thema oder eine bestimmte Fragestellung beschäftigt, ist das eine gute Möglichkeit, in bildhafter Weise eine Wahrheit diesbezüglich hochkommen zu lassen.

Eine gute, erholsame Nacht, lieber Mensch, wünscht Dir
Dein Engel der Wahrheit

4. Tag

Heute schickt Dir Dein höheres Selbst den

Engel des Verständnisses

Er strahlt eine klare, gütige Energie aus, in der Du Dich gut aufgehoben fühlen kannst. In diesem Moment ist er Dir ganz nahe und sagt Dir: „Lieber Mensch, was immer auch in Dir vorgeht, ich verstehe Dich. Ich kenne jeden Winkel Deines Denkapparates und alle Höhen und Tiefen Deines Gemüts. Nichts ist mir fremd und nichts verborgen. Was immer Du denkst und fühlst, Du bist nicht allein damit. Ich weiß auch, aus welchem Grund Du so empfindest. Manchmal hast Du Sorge, dass etwas in Dir nicht in Ordnung ist. Ich aber sage Dir: Es gibt nichts in Dir, dessen Du Dich schämen müsstest. Wenn Du alles bis in seinen Ursprung zurückverfolgst, gibt es nur zwei Grundströmungen, aus denen alle anderen Gedanken entstehen - Angst oder Liebe.

Angst entsteht aus der Illusion der Trennung heraus und verursacht Gefühle von Schmerz, Einsamkeit, Minderwertigkeit, Wut, Eifersucht, Zurückhaltung ... Das alles und noch mehr kann sich lösen, wenn Du davon ausgehst, dass Du mehr bist als Deine im Körper begrenzte Persönlichkeit. Du bist als energetisches Wesen mit allen und allem verbunden und hast eine göttliche Quelle, mit der Du Dich jederzeit verbinden kannst. Sie gibt Dir Kraft, Sicherheit und Wissen, und hilft Dir in den Gegenpol der Angst, in die Haltung der Liebe zurückzufinden. Aus dieser Grundhaltung heraus ist alles leichter.

Frieden, Vertrauen, Leichtigkeit und Zuversicht erwachsen daraus.

Wo auch immer Du Dich gefühlsmäßig aufhältst, ich verstehe Dich bis in die ursächliche Tiefe dieses Gefühls hinein und flüstere Dir zu: Du bist ein einzigartiges, wundervolles göttliches Wesen. Alles mit Dir ist in Ordnung und gehört zu Deinem von Dir gewählten Lebensspiel.

Wenn Du vom Pol der Angst in den Pol der Liebe finden willst, dann stell Dir zwei Kreise vor. In dem einen ist die Angst, im anderen die Liebe. Und wenn Du Dich gerade in Angst aufhältst, sag mir Deinen Kummer. Ich helfe Dir, seinen Hintergrund zu verstehen. Wenn Du es dann willst, fassen wir uns bei den Händen und machen einen kraftvollen (Gedanken)-Schritt, und gelangen so in den Kreis der Liebe. Sei sicher, mit meiner Hilfe geht es! Ich helfe Dir, Dich selbst besser zu verstehen und immer wieder in das Feld der Liebe zurückzufinden, solltest Du Dich gerade woanders befinden. Ich brauche lediglich Dein Einverständnis dazu - Gibst Du es mir heute?“

Enttäuschung und Verständnis

Morgen - Gedanken

Guten Morgen, geliebter Mensch!

Heute ist ein Tag des Verstehens. Nutze jede Gelegenheit, Dich selbst und auch die Anderen aus der Tiefe der Gefühlswelt heraus zu verstehen. Mache Dir immer wieder bewusst, dass der Hintergrund jedes nicht so angenehmen Gefühls oder jeder nicht so liebevollen Handlungsweise in der Haltung bewusster oder unbewusster Angst begründet liegt. Lass Deine Intuition spielen und frage Dich: Wovor könnte ich oder der andere jetzt gerade Angst haben?

Angst hat so viele Gesichter: Arroganz (Angst, sich schwach zu fühlen), Wut (Angst vor Hilflosigkeit), Eifersucht (Angst vor dem Verlassenwerden), Ehrgeiz (Angst nicht liebenswert zu sein, wenn nicht ganz viel Leistung erbracht wird), Geiz (Existenzangst) ...

Wenn Du Dich von einem Menschen oder von Dir selbst enttäuscht fühlst, liegt der Grund darin meist in einer nicht erfüllten Erwartung, in einem Bild, das Du von Dir oder einem anderen hast, welches sich nicht als wahr erweist! Ent-Täuschung führt Dich zum Verstehen, dass die Wirklichkeit des Menschen neben Dir anders ist als Du sie erwartet hast, dass Du mit Deinem selbstgezimmerten Bild einer Täuschung erliegst. Du hast nun die Chance, die Situation oder den Menschen neu zu sehen und tiefer zu verstehen.

Das Wegfallen dieser Täuschung, die Ent-Täuschung, führt Dich zu einem tieferen Verstehen.

Die Bereitschaft, Dich selbst und den Menschen neben Dir zu verstehen, führt Dich oder ihn aus den unangenehmen Gefühlen, die Enttäuschungen meist mit sich bringen, heraus - hinein in eine Haltung von Mitgefühl und Liebe, in der Du Dich sehr viel wohler fühlst.

Verstehe heute mit Deinem Herzen, was Dir in Dir und um Dich herum begegnet.

Wenn Du ein ungutes Gefühl hast, wenn Du Dich über etwas oder jemanden ärgerst, oder wenn Du nicht so „perfekt“ warst, wie Du es eigentlich wolltest, klopfe Dir freundschaftlich auf die Schulter und sag Dir dazu: „Ich kann mich aber auch verstehen!“ Sei Dir selbst ein guter Freund.

Einen friedvollen Tag voll Kraft und Liebe wünscht Dir
Dein Engel des Verständnisses

Affirmationen

Ich bin voll Verständnis und Mitgefühl.

Ich verstehe mich selbst von Tag zu Tag
besser, besser und besser.

Ich begegne anderen Menschen in Verständnis und Klarheit.

Ich entdecke in jeder Enttäuschung die Perle meiner Kraft.

Ich sage „Ja“ zu den Situationen meines Lebens
und mache das Beste daraus.

Abend-Gedanken

Guten Abend, liebes Wesen! Gab es heute Situationen, die nicht so ganz einfach waren?

Konntest Du Dich von einer Täuschung befreien, einen Anspruch loslassen, ein Gefühl tiefer verstehen?

Konntest Du Dir und anderen Verständnis entgegenbringen?

Bedanke Dich bei Dir selbst auch für die zartesten Ansätze, die Du in dieser Weise entwickeln konntest.

Auch dann, wenn Du Dich heute als wenig verständnisvoll empfunden hast, sei Dir selbst jetzt ein verständnisvoller Freund. Mit meiner Hilfe geht das!

Wie verständnisvoll haben sich die Menschen, die Dir heute begegnet sind, Dir gegenüber erwiesen? Sie sind ein Spiegel Deiner eigenen Verständnisbereitschaft. Wenn Du magst, danke auch ihnen für ihr Verständnis bzw. für ihre Spiegel-Funktion.

Und nun klopfe Dir noch einmal vor dem Einschlafen freundschaftlich auf die Schulter und sage Dir: „Ich verstehe mich!"

Schlafe Du nun gut, geliebtes Wesen, und wisse Dich von mir geliebt und verstanden.

Eine gute Nacht wünscht Dir
Dein Engel des Verständnisses

5. Tag

Heute macht Dich Dein höheres Selbst besonders vertraut mit dem

Engel der Heilung

Er erscheint Dir wie ein großes Wesen aus Licht, viel größer als Du selbst es bist. Wenn Du ihn aber näher kennen lernst, stellst Du fest, dass er aus unendlich vielen kleinen Lichtwesen in unterschiedlichsten Größen besteht, die mühelos überall in Deinem Körper, in Körperteilen, Organen und Zellen herumschweben können, um ihre lichtvolle Heilarbeit zu verrichten.

Gerade legt der Engel der Heilung seine Lichthände auf Deine Stirn und an Deinen Hinterkopf und spricht mit seiner lautlosen Stimme der Ruhe direkt in Deine Gedanken hinein:

„Sei mir von Herzen gegrüßt, geliebter Mensch!

Spürst Du, wie ich Dir Heilkraft zufließen lasse, jetzt in diesem Moment? Ich halte Deinen Kopf und schon strömt Ruhe in Dich ein. Sie ist es, die er gerade am nötigsten braucht.

Magst Du mich für noch andere Körperteile zu Rate ziehen? Ich lege gern meine Lichthände dahin, wo sie gebraucht werden und lasse dieser Stelle und damit auch Deiner Gesamtheit das zufließen, was sie zur Zeit benötigt. Du brauchst mich nur zu beauftragen und ich berühre alles, was nicht in Harmonie ist, was schmerzt, was drückt oder Dich irgendwie bedrückt mit meinen Lichthänden, die die beste Medizin beinhalten, die es gibt: Liebe in vielfältigster

Form, unterschiedlichsten Farben, Düften, Worten, Tönen und Schwingungen.

Ich kann auch meine vielen kleinen Lichthelfer in die inneren Zellen und Organe schicken, wo sie ihre Liebes-Dienste, Licht-Waschungen, Kraft-Einreibungen und Heil-Schwingungen sanft und geschickt verbreiten.

Ein gigantisches Heil-Team mit unendlich kooperativem kommunikativem Bewusstsein, das gekoppelt ist mit meinem energetischen Herzen steht Dir zur Verfügung.

Beauftrage mich und mein Licht-Heiler-Team mit all dem, was Du Dir für Körper und Gemüt wünschst, und sei einen Moment mit Deiner Aufmerksamkeit bei diesem Geschehen, das sich genau passend für Dein Fühl- oder Vorstellungsvermögen abspielt.

Wenn Du Deine Aufmerksamkeit dann wieder anderen Dingen zuwendest, können WIR, Dein Licht-Heiler-Team, die innere Arbeit weiter tun - vorausgesetzt Du willst das.

Besonders gut wirken können WIR natürlich, wenn Du entspannt bist, also im Schlaf oder in Ruhe-Zuständen.

Willst Du mich als Deinen persönlichen Heiler, Helfer und Wohlseins-Berater heute mit durch diesen Tag nehmen? Auftrag genügt, und ich kann mit meinem Team heilend wirken!“

Unwohlsein und Heilung

Morgen-Gedanken

Ich wünsche Dir einen wunderschönen guten Morgen, lieber Mensch!

Zunächst möchte ich Dich einladen, ehe Du in Deinen Tag gehst, Dich noch ein wenig in mein riesiges Lichtwesen hineinzuentspannen. Setze oder lege Dich bequem in meinen Lichtschoß und stell Dir vor, wie meine winzigen Lichthelferchen durch Deinen Körper und Deine Aura schweben und alles sanft mit Heilungs-Energie aufladen. Natürlich ganz besonders die Stellen, die es zur Zeit nötig haben.

Nimm dabei einige tiefe Atemzüge meiner Energie und atme sie tief in Dich hinein.

Dann strecke und dehne Dich so weit Du kannst. Dabei kannst Du Dir sagen: So groß und noch viel größer bin ich - ich bin ein strahlendes wunderbares Wesen. Natürlich kannst Du auch diesen Satz nach Deinem Geschmack abwandeln.

Schließlich empfehle ich Dir zu Beginn des Tages ein Glas Wasser zu trinken, es zuvor mit beiden Händen zu umfassen und Dir dabei bewusst zu werden, dass Deine Hände von meinen durchstrahlt sind. So können wir gemeinsam heilende Lichtenergie in das Wasser strahlen, bis es in Deiner Vorstellung darin nur so blitzt und funkelt. Dann trinke das auf diese Weise aufgeladene Wasser als Deinen morgendlichen Krafttrunk.

Dieses kurze Heil- und Kraft-Ritual empfehle ich Dir übrigens für jeden Morgen. Damit gehst Du beschwingt und mit Liebes-Energie aufgeladen in Deinen Tag.

Wenn Du magst, kannst Du jetzt oder irgendwann am Tag noch etwas für besonders bedürftige Körperteile oder Organe tun:

Stell Dir wieder vor, Du sitzt in meiner riesigen Lichtgestalt, wohlbehütet, geborgen und durchstrahlt von meiner Lichtenergie. Lege eine Hand auf die betroffene Körperstelle im Bewusstsein, dass Deine Hand in meiner ruht und dadurch eine direkte Verbindung hergestellt wird von den Informationen, die in den bedürftigen Zellen gespeichert sind, zu meiner Weisheit und Heilkraft.

Stell dann dieser Körperstelle folgende Fragen:

- Gibt es eine schmerzhafte Situation in der Vergangenheit, die ihre Thematik in dieser Zone als traumatische Erinnerung abgelagert hat? Wenn ja, gehe mit mir in diese Situation und ermutige Dein Vergangenheits-Ich, alles auszusprechen, was es damals nicht sagen konnte. Gib ihm zusammen mit mir alles, was ihm damals gut getan hätte (Zuspruch, Liebe, Erklärung über Deine Unschuld und Deinen Wert, eine neue in der Phantasie entstehende Situation oder positive Abwandlung der alten Situation)
- Was braucht diese Körperstelle jetzt? (Bestimmte Nahrung? Bewegung? Ruhe? Berührung?)
- Was tut mir jetzt gut? (Welche Beschäftigung? Gemeinschaft? Alleinsein?)
- Welche Gedanken tun mir jetzt gut?

Und wenn es einfach nur die Frage ist: „Was tut mir jetzt gut?"

Da die Antwort spontan in Deinem Kopf erscheint, geht das ganz schnell. Du musst eben nur daran denken, dass Du mich und meine Lichthelfer jeden Moment zur Verfügung hast und anzapfen kannst.

Vertraue darauf, dass das Wissen, was Du benötigst sich spontan in Dir offenbart. Wenn keine „Antworten" kommen, brauchst Du nichts darüber zu wissen im Moment. Dann genügt es, die Licht-Energie, die durch Deine in meiner ruhenden Hand strömt, in diesen Bereich hineinzuschicken und Dir vorzustellen, wie meine kleinen Lichthelfer dort ihre Arbeit tun. Sie können z.B. Schmerzhaftes wegspülen, reinigen, wegtragen, neue Energie aufbauen, etwas mit Licht aufladen.

Ich, **Dein Heilungsengel**, wünsche Dir einen guten Tag voll Wohlbefinden und Strahlkraft.

Affirmationen

Ich bin ein sich selbst heilendes Wesen.

Ich bin im Engel der Heilung -
sicher, behütet, geborgen
und werde stets neu aufgeladen.

Heilkraft strömt durch meine Hände ohne Ende.

Heilung geschieht in mir
und in meinem Leben.

Heilung geschieht, indem ich mir zeige, dass ich mich liebe.

Ich übergebe ... der unendlichen Heilkraft in meinem Inneren.

Hinter allem bin ich heil und ganz.

Abend - Gedanken

Einen geruhsamen guten Abend, lieber Mensch!

Na, wie wäre es ... willst Du Dich wieder in meinen Lichtschoß hineinsetzen? Spüre, wie Dich meine liebevolle heilende Energie durchströmt.

Konntest Du Dir irgendwann an diesem Tag etwas Zeit nehmen, meine Heilkraft für Dich zu nutzen oder Dir eine Information von mir zu holen? Jetzt ist möglicherweise eine gute Gelegenheit dazu. Wie es geht, das weißt Du ja bereits. Ich bin da für Dich gern und jederzeit!

Wenn Du Dich dann bald zum Schlafen niederlegst, lade ich Dich ein, Dir vorzustellen, wie Du in meinem Energiefeld liegst und ich Dir mit meinen Lichthänden sanft über's Haar streichle, oder über den Rücken. So wie Du es magst.

Vielleicht soll ich auch meine Hände auf eine schmerzende oder belastete Körperstelle legen und sie über Nacht dort lassen? Du kannst mich gern in dieser Weise um Heilung und Information, was Dir dafür gut tut, bitten. Im Schlaf kann ich besonders gut wirken.

Vielleicht erinnerst Du Dich am Morgen an einen Traum, der Dir neues Wissen und Heilkraft vermittelt ... Ich bin äußerst kreativ und sehr gern bereit, in der Nacht für Dich zu arbeiten, wenn Du mich und mein Helfer-Team dazu beauftragst.

Vielleicht magst Du Dir vor dem Schlafen noch ein Glas Wasser für den Morgen bereitstellen. Lass es uns schon jetzt mit Licht-Energie aufladen! Dann hast Du noch eine zusätzliche kleine heilende Strahlquelle in Deinem Zimmer, die Dir mit ihrem unsichtbaren Glitzern und Funkeln in der Nacht Energie spendet.

Eine heilsame Nacht, geliebtes Wesen, wünscht Dir
Dein Engel der Heilung

Schlafe besonders gut!

6. Tag

Heute gibt Dir Dein höheres Selbst den

Engel des Mitgefühls

mit auf den Weg.

Mit seiner weichen, liebevollen Energie berührt er direkt Dein Herz. In diesem Moment spricht er mit seiner wohlklingenden Stimme zu Dir:

„Ich segne Dich und Deinen Weg, lieber Mensch. Gerade für die Momente, in denen Du es nicht leicht hast, sollst Du wissen, Du bist nicht allein. Ich bin voll Mitgefühl an Deiner Seite. Wenn Dich etwas quält, wenn Du Schmerzen hast, seien es seelische oder körperliche Schmerzen, verurteile Dich nicht, kämpfe nicht, das würde Dein Unwohlsein verstärken. Versuche, Dich trotz allem zu entspannen. Ich helfe Dir dabei. Darf ich Dich mit meiner zarten Hand berühren? Du wirst spüren, dass mein Mitgefühl Dir gut tut. Vielleicht geschieht ein kleines Wunder ... plötzlich wird alles erträglicher und leichter. In meiner sanften Kraft des Mitgefühls löst sich manches Schwere einfach auf.

In schmerzlichen oder auch nur trüben Momenten erinnere Dich daran, dass ich voll Mitgefühl an Deiner Seite bin. Du darfst mich jederzeit anrufen ... Ich helfe Dir tragen ...

Vielleicht begegnest Du heute auch einem anderen Menschen, der es schwer hat. Meine Engelqualität wird Dir dann helfen, Mitgefühl zu spüren, ohne Dich in das Leiden des Anderen hineinziehen zu lassen. Mitleiden hilft weder dem Anderen noch Dir selbst. Ich helfe Dir, diesen Unterschied wahrzunehmen und somit im Mitgefühl Deiner eigenen Stärke zu bleiben. Du bist nicht dazu da, Dir seine Last aufzubürden, das ist die Aufgabe von uns Engeln, denn in unseren Armen wird alles Schwere leicht.

Was meinst Du - willst Du mich willkommen heißen an Deiner Seite?"

Schmerz und Mitgefühl

Morgen - Gedanken

Hallo, guten Morgen, lieber Mensch!

Sollte es heute schmerzliche Momente geben oder einfach Augenblicke, in denen Du Dich nicht so recht wohl fühlst, nimm Dir etwas Zeit, setze oder noch besser lege Dich hin. Stell Dir dann vor, wie Dein höheres Selbst bei Dir ist und Du Deinen Kopf in seinen Schoß legst. Wenn Du sitzt, sitzt es eben hinter Dir und Du lehnst Deinen Rücken und Deinen Kopf bei ihm an. Lass Dich nun von seinen zarten Lichthänden streicheln, ganz sanft, immer und immer wieder. Lass alles Grübeln, alles Denken, alles Analysieren und vielleicht auch inneres Kämpfen nach und nach gehen, und versinke in das liebevolle sanfte Streicheln Deines höheren Selbst. Auch wenn Du Dich nicht hinlegen oder setzen kannst, lass Dich für einige wertvolle Augenblicke von ihm wieder und wieder sanft berühren.

Auch Schmerz ist eine menschliche Grunderfahrung. Wenn Du dagegen ankämpfst, verstärkt er sich. Dein höheres Selbst hilft Dir, den Kampf zu beenden und dadurch das Ganze zu lindern.

Gib Dich seinen streichelnden Lichthänden hin, und sei schonend und fürsorglich zu Dir selbst. Reduziere zu diesen Zeiten Deine Tagesanforderungen und Anstrengungen auf ein absolutes Minimum, und lass Dir Zeit und Raum. Vielleicht magst Du einen mitfühlenden Menschen zu Dir bitten.

Sollte Dir heute ein Mensch begegnen, der sich geplagt fühlt, schenke ihm, wenn Du es willst und Dich dazu in der Lage fühlst,

Dein Mitgefühl und Deine liebevolle Anteilnahme, ohne Dich dafür verantwortlich zu fühlen, ihm seine Schmerzen nehmen zu müssen. Was Du für ihn tun kannst, ist einfach liebevoll da zu sein und vielleicht mit ihm gemeinsam herauszufinden, wogegen und in welcher Weise er kämpft. Wenn es stimmig ist, ermutige ihn, mit dem Kampf aufzuhören. Das führt zur Linderung seines Leids. Leiden wird stärker mit jedem Kampf.

Dass Du heute aus Deinem Herzen heraus lebst, wünscht Dir
Dein Engel des Mitgefühls

Affirmationen

Mitgefühl und Behutsamkeit durchströmt mein Herz.

Voll Mitgefühl und Liebe
umsorgt mich mein göttlicher Meister
in jedem Moment meines Lebens.

Ich sage „Ja" zu jedem Zustand, in dem ich bin,
in dem Wissen, dass jede Welle des Lebens kommt
und wieder geht.

Ich entscheide mich dafür,
achtsam und liebevoll mit mir selbst umzugehen.

Ich liebe und achte meinen Körper.

Mein Körper ist mein Freund und Lehrer.
Ich lausche seinen Botschaften.

Abend - Gedanken

Guten Abend, liebes Wesen!

Gab es heute schmerzliche Momente für Dich oder einen Menschen in Deiner Nähe?

Hast Du Mitgefühl mit Dir selbst oder einem anderen Menschen empfunden?

Ist Dir von einem anderen Menschen Mitgefühl entgegengebracht worden?

Wenn Du magst, stell Dir nun vor, wie Du selbst ganz winzig klein wirst, so klein, dass Du Dich in eine geöffnete Hand setzen oder legen kannst. Jetzt öffne Deine linke Hand und stell Dir vor, wie Du Dich selbst ganz liebevoll in Deiner Hand hältst. Streichle mit der rechten Hand ganz zärtlich, voll Mitgefühl für das winzig kleine Wesen, das in Deiner Hand geborgen ist, über dessen Aura. So streicht die Lichthand Deines höheren Selbst gerade über Deine Aura. Langsam und sacht, immer wieder.

Die Zärtlichkeit, mit der Du mit Deiner rechten Hand (aktive Seite) über das winzige Wesen in Deiner linken Hand (passive Seite) streichst, ist die Zärtlichkeit, die Du in diesem Moment Dir selbst entgegenbringst.

Vielleicht magst Du mit der Vorstellung einschlafen, in einer riesigen Lichthand eingebettet zu sein, wobei Du sanft in den Schlaf gestreichelt wirst.

Ich, **Dein Engel des Mitgefühls,** bin bei Dir und wünsche Dir eine gute Nacht!

7. Tag

Heute schickt Dir Dein höheres Selbst den

Engel der Hilfe

Er ist eine Quelle sprudelnder Energie für Dich. Weißt Du, dass mit ihm zusammen alles viel leichter wird?

In diesem Moment gibt er Dir folgende Zusage:

„Sei mir gegrüßt, geliebtes Wesen. Manchmal verfällst Du in Panik, weil Du glaubst, den Anforderungen des Tages, den Wünschen Deiner Mitmenschen und den Ansprüchen Deines inneren Antreibers nicht gerecht werden zu können. Zuweilen erscheint Dir das Leben als bedrohlich, und Du empfindest die Welt als furchterregend. Voll Mitgefühl bin ich dann an Deiner Seite und stehe Dir bei. Ich sage Dir mitten in all Deine verwirrten Gedanken hinein: Liebes, Du brauchst doch nichts allein zu tun. Ich helfe Dir in allen Aspekten Deines Lebens. Das einzige, was ich dafür benötige, ist Deine Erlaubnis. Gibst Du sie mir?

Wobei kann ich Dir heute helfen? Worin kann ich Dir zur Seite stehen? Bitte bedenke dabei auch, manchmal braucht es etwas Zeit, bis meine Hilfe für Dich spürbar wird. Aber sei ganz sicher, sie beginnt in dem Moment, wo Du sie erbittest. Ich bin ein liebevoller Entwicklungshelfer, schicke Dir neue Gedanken, helfende Ideen, beruhigende Gefühle, weiterführende Zufälle und viel, viel Kraft.

Solltest Du in Panikgefühle verfallen, denk an mich, ich werde Dich dort wieder herausführen. Ganz sicher! Nimmst Du meine Hand? Ich helfe Dir, wann immer Du mich brauchst."

Panik und Hilfe

Morgen - Gedanken

Guten Morgen, lieber Mensch!
Hast Du schon einmal über folgende Fragen nachgedacht:
Erlaube ich mir, um Hilfe zu bitten? Kann ich Hilfe annehmen?
Nehme ich die Hilfen, die mir zuteil werden, wahr?

Wenn Du vor einer Schwierigkeit stehst, die Du allein schwer lösen kannst, kannst Du entweder in Angst oder gar Panik versinken, oder Du kannst um Hilfe bitten - himmlische und menschliche Gefährten! Ich sage Dir, auch wenn Du Widerstände in Dir spürst, es ist in Ordnung um Hilfe zu bitten und sie anzunehmen. Wenn ihr Euch alle untereinander helft - am besten unterstützt von unserer energetischen Hilfe - wächst das Gefühl von Geborgenheit. Es entsteht eine lebendige, frohe Gemeinschaft. Dazu muß aber jeder bereit sein, nicht nur großzügig Hilfe zu geben, sondern auch seine eigene Hilfsbedürftigkeit anzuerkennen und sie mitzuteilen, wenn sie da ist. Es fühlt sich für Euch oft leichter an, Hilfe zu geben, denn es ermöglicht Euch, Euer Gefühl von Stärke zu fühlen. Hilfe zu empfangen konfrontiert Euch mit Eurer eigenen Schwäche.

Jemand, der um Hilfe bittet, gibt anderen die Chance, sich großzügig und stark zu fühlen. Je mehr Menschen sich das trauen, umso leichter fällt es den anderen, auch ihre Schwächen zu zeigen. Ein Klima von mehr Offenheit und Großherzigkeit entsteht. Derjenige, der sich wagt, um Hilfe zu bitten und sie dann auch anzunehmen, tut also ganz viel für das Entstehen eines Wohlfühl-Klimas. So möchte ich Dir Mut machen, Dir Deine Schwächen zuzugestehen und Dich für Hilfe zu öffnen. Wenigstens Dein höheres Selbst und Deinen Engel kannst Du um Hilfe bitten, und wenn es Dir irgendwie möglich ist, öffne Dich auch für die Hilfen Deiner Mitmenschen.

Es ist ein Kreislauf: Je mehr Hilfen Du anderen gibst und je mehr Hilfen Du erbittest, umso mehr Hilfen bekommst Du, und umso mehr trauen sich die anderen, um Hilfe zu bitten, die Du vielleicht wiederum geben kannst.

Auf diese Weise wird Panik immer unnötiger und weniger.

Richte heute Deine Aufmerksamkeit darauf, in welchen Situationen Du bereit bist, Hilfe zu geben und anzunehmen. Vielleicht kannst Du beides bald mit einem neuen guten Gefühl tun!

Mit dem Angebot Dich zu unterstützen, lieber Mensch, grüßt Dich
Dein Engel der Hilfe

Affirmationen

Ich erhalte Hilfe, wann immer ich sie brauche.

Das Leben selbst unterstützt mich mit seiner liebenden Kraft.

Mehr und mehr erlaube ich mir Hilfe zu nehmen und zu geben.

Mein höheres Selbst ist mein Freund und Helfer -
alles ist ihm möglich.

Hilfe ist schon unterwegs - ich brauche sie nur einzuladen.

Sichtbare und unsichtbare Helfer sind in meinem Leben.

Ich lasse göttliche Hilfe zu.

Abend - Gedanken

Guten Abend, lieber Mensch! Hast Du es Dir heute erlaubt, Hilfe anzunehmen?

In welcher Weise ist Dir heute Hilfe zuteil geworden?

Hast Du vielleicht auch unerwartete Hilfe bekommen?

Hast Du in Deinen Gefühlen oder Gedanken meine Unterstützung gespürt?

Hattest Du selbst die Gelegenheit jemandem zu helfen?

Wenn Du magst, bedanke Dich bei Deinem höheren Selbst für alle Hilfsquellen, durch Menschen, Ideen, Gefühlsveränderungen, Zufälle ... die es Dir heute geschickt hat, sowie auch für die Kraft oder die Fähigkeit, die Du hattest, anderen hilfreich zur Seite zu stehen.

Ich, **Dein Engel der Hilfe**, helfe Dir jetzt hinein in eine friedvolle, erholsame Nachtruhe.
Schlafe Du gut, geliebter Mensch!

8. Tag

Heute gibt Dir Dein höheres Selbst den

Engel der Bedingungslosigkeit

an die Seite.

Mit seiner strahlend liebevollen Energie berührt er direkt Dein Herz und sagt Dir:

„Sei gesegnet, geliebtes Wesen! Es mag sein, dass Du manchmal mit Dir selbst nicht ganz zufrieden bist, oder dass Zuneigung von anderen Menschen direkt oder indirekt an Bedingungen geknüpft sind, die Du glaubst erfüllen zu müssen.

Ich sage Dir: Tue nichts, was Dir nicht entspricht! Die Zuwendung, die an das Erfüllen bestimmter Bedingungen geknüpft ist, brauchst Du nicht wirklich, denn Du bist geliebt genauso wie Du bist. Ich liebe Dich völlig unabhängig von dem, was Du tust, denkst, leistest, erbringst, kannst ... Meine Liebe ist bedingungslos!

Ganz egal, was geschieht, Du kannst Dir meiner Liebe immer absolut sicher sein!

Willst Du sie jetzt fühlen? Dann schließe die Augen für einen Moment und fühle Dich sanft umfangen von meiner zartrosa-farbenen Energie. Sie streichelt Deine Haut und lässt ein Wohlgefühl zurück, das Dich durch den Tag begleitet. Wenn Du magst, denke immer wieder mal an mich und laß Dir helfen, in eine Liebe zu Dir selbst hineinzuwachsen, die bedingungslos und stets verfügbar ist. So wirst Du immer unabhängiger von anderen und fühlst Dich frei und leicht."

Scham- und Schuldgefühle und Bedingungslosigkeit

Morgen - Gedanken

Guten Morgen, Du wunderbares Wesen! Vielleicht passiert es immer mal wieder, dass Du Dich wegen irgendeiner Unzulänglichkeit schuldig fühlst und schämst.

Diese Gefühle trennen Dich ab von Deiner Freude, von Deiner Kraft und von Deinem Dir zustehenden guten Lebensgefühl, sowie auch von anderen Menschen. Obwohl Du möglicherweise schon bedenkst, dass Du Dir oftmals zu viel Verantwortung aufbürdest, dass Du Dich zu viel für das Wohl anderer einsetzt anstatt für das Deine, dass alle Dinge, die Du tust oder unterlässt, einen tiefen Sinn haben, und dass alles von Dir zu Deinem Menschsein gehört und so in Ordnung ist, tauchen vielleicht doch noch manchmal Schuld- und Schamgefühle wegen vermeintlicher Fehler oder scheinbarer Unzulänglichkeiten wie ungebetene Gäste plötzlich auf. Dazu führen meistens Ansprüche, die Du an Dich selbst hast, die Du aber nicht erfüllen konntest oder wolltest. Diese Ansprüche, die Du früher von Eltern, Lehrern oder anderen Autoritätspersonen übernommen hast, machen Dir das Leben schwer.

Was hältst Du davon, wenn Du Dich heute für ein leichtes, liebevolles Lebensgefühl entscheidest? Das Bewusstsein, dass Du von Deinem höheren Selbst bedingungslos geliebt bist, hilft Dir dabei. Du musst nicht mehr schwer tragen! Du bist nur Dir selbst und Deinen Herzenswünschen verantwortlich. Aus diesem Gefühl von Lebensfreude und -kraft ist es dann ganz leicht, eine Aura der Liebe um Dich herum zu verbreiten und Dir selbst und anderen damit leicht wohlzutun. Tauche immer wieder ein in das Bewusstsein, dass Du von Deiner Seele, vom göttlichen Strahl des Lichts bedingungslos geliebt bist.

Setze oder lege Dich immer mal wieder kurz hin und stell Dir vor, wie diese Liebe auf Dich herabstrahlt. Wenn Du magst, puste alle Sorgen, alle Ansprüche und alle Schuldideen einfach weg. Puste sie wirklich hinweg. Das funktioniert! Die kleine Geste der Leichtigkeit und Reinigung wirkt auf Dein Unterbewusstsein als eine magische Handlung, die Dich befreit und öffnet für die bedingungslose Liebe Deiner Seele. Immer mal wieder am Tag: Puste Dich frei!

In tiefer Liebe grüßt Dich
Dein Engel der Bedingungslosigkeit

Affirmationen

Ich bin wie ich bin und bin okay!

Du bist wie Du bist und bist okay!

Es ist wie es ist und ist okay!

Ich bin geliebt ... ich liebe mich - genauso wie ich bin!

Ich bin bedingungslos geliebt!

Meine Seele liebt mich bedingungslos!

Der göttliche Strahl bedingungsloser Liebe
geleitet mich durch den Tag und trägt mich durch die Nacht.

Abend - Gedanken

Einen wunderschönen guten Abend, lieber Mensch! Gibt es heute irgendetwas, wofür Du Dich schuldig fühlst oder vielleicht sogar schämst?

Puste es hinweg! Dein höheres Selbst hilft Dir dabei. So leicht ist Vergebung! Mit dem Wegpusten Deiner Schuldgefühle hast Du Dir gerade selbst vergeben.

Dann kuschle Dich ein in den dicken rosafarbenen göttlichen Lichtstrahl bedingungsloser Liebe. Schlaf gut! Dein göttliches Selbst und alle Engel lieben Dich jetzt und immer, genauso wie Du bist! Du bist genauso wie Gott Dich gemeint hat, denn Du kannst gar nicht anders sein!

Eine gute Nacht mit wunderschönen Träumen wünscht Dir
Dein Engel der Bedingungslosigkeit

9. Tag

Heute gibt Dir Dein höheres Selbst den

Engel des Friedens

mit auf den Weg.

Er weist Dir mit seiner ruhigen Energie den Weg in ein tiefes, friedvolles Lebensgefühl.

Willst Du Dich auf ihn einlassen?

Jetzt gerade singt er für Dich in Dein inneres Ohr eine harmonische Melodie, ein Friedenslied mit folgenden Worten:

„Geliebter Mensch! Tief in Dir,
da bist Du in Verbindung mit mir.
Tief in Deinem Herzen
vergehen Kampf und Schmerzen.
Tief in Deinem inneren Licht
fühlst Du eine neue Sicht,
weißt ganz sicher - Du musst nichts vollbringen,
musst nicht kämpfen, musst nicht ringen,
darfst im Frieden Deines Herzens einfach sein -
und bist in allem nie allein.
Ich bin bei Dir, was auch geschieht.
Komm, sing mit mir das Friedenslied.
Sag Ja zum Leben, was immer es bringt,
weil Dir im Frieden das, was sein soll, gelingt!

Im Frieden, der in Deinem Herzen wohnt,
weißt Du, dass alles Kämpfen niemals lohnt!

Lieber Mensch, willst Du mit mir den Weg des Friedens gehen? Dann höre heute immer wieder das sanfte, klare Lied des Friedens in Deinem Innern, eine leise, zarte Melodie, die Dich beruhigt und immer wieder daran erinnert:

Mit jedem Kampf verletzt Du vor allem Dich selbst!"

Furcht und Frieden

Morgen - Gedanken

Hallo, einen friedvollen Morgen wünsche ich Dir, geliebter Mensch!

Wann immer heute Dein Frieden ins Wanken kommt, beobachte, welche Furcht-Gedanken Deiner Zerrissenheit zugrunde liegen. Wenn Dir z.B. irgendein Mensch mit Kritik, Ablehnung, Unverständnis direkt oder indirekt aggressiv begegnet, wird Dich seine Aggression nur dann verletzen können, wenn es bewusste oder unbewusste Gedanken des Selbstzweifels, der Minderwertigkeit oder Unzulänglichkeit in Bezug auf das Thema, das er an Dich heranträgt, in Dir selbst gibt, die diesem Menschen Recht geben in seiner Ablehnung. Nur dadurch, dass ein Teil von Dir ihm glaubt, fühlst Du Dich verletzt. Wenn Du Dir Deiner Selbst ganz sicher bist, wenn Du Dich stark und vertrauensvoll fühlst, Dir selbst und dem Kosmos gegenüber, gibt es nichts, was Dich wirklich verletzen kann. Sicherlich gibt es auch äußere unfriedliche Einflüsse. Dein Frieden wird aber erst dann bedroht, wenn diese äußeren Impulse auf eigene Gedanken der Furcht, der Spannung, der Abwehr, der Unzufriedenheit etc. in Dir treffen!

Hab Mut, lieber Mensch, und schaue Dir diese Gedanken an. Ich helfe Dir sie zuzulassen, damit Du erkennen kannst, was es in Dir ist, was Deinen Frieden trübt.

Diese Gedanken der Furcht und Selbstzweifel sind nur ein Teil von Dir. Hab keine Angst, ihm zu begegnen, diesem Teil. Lass ihn alles sagen, was er schon so lange über Dich denkt und nimm ihn dann in Dein Herz. Wenn Du ihn kennst, hat er seine kränkende Wirkung verloren. Am leichtesten geht das, wenn Du Dir Zeit nimmst und diesen Teil von Dir alles aufschreiben lässt, was er dazu zu sagen hat (was er an Dir auszusetzen hat). Dann verbinde Dich mit Deinem Herzen – vielleicht magst Du dabei eine Hand auf Dein Herz legen – und antworte ihm. Schreibe diesem Teil von Dir selbst, der sich so unsicher und unzulänglich fühlt, einen Brief, in dem Du ihm mitteilst, dass Du ihn nun gehört und verstanden hast, und dass Du ihn mit Deinem Herzen umarmst. Stell Dir das dann auch im Inneren vor. Wo sitzt der Furcht-Teil jetzt gerade in Deinem Körper?

Gib dann Deinem Herzen Lichtarme und hebe ihn in die Geborgenheit und das wärmende Licht Deines Herzens. Dort ist er gut aufgehoben und kann sich langsam entspannen.

Wenn Du das getan hast, wird es Dir leichter gelingen, die Dinge in der äußeren Welt zu regeln, und Du wirst in einer Aura des Friedens durch den Tag gehen – bis eine neue Herausforderung kommt und Dich dazu einlädt, wieder einen Angst-Zweifel-Gedanken aufzuspüren und in Dein Herz zu nehmen. Du kannst Dich auf diese Weise für vieles, was Dir wichtig ist, kraftvoll einsetzen und dennoch eine Haltung des Friedens bewahren. Du kannst Dich stark machen für das, was Dir am Herzen liegt, ohne kämpferisch zu sein.

Wenn Du magst, mache Dir am Morgen ein eigenes kleines Lied, das Dich entweder ganz ohne Worte, oder mit nur wenigen Worten immer wieder an Deine Absicht erinnert, dass Frieden in Dir Dein oberstes Ziel ist. Denn keiner kann Dir Deinen Frieden nehmen, außer Du selbst!

Du könntest zum Beispiel eine der folgenden Affirmationen mit einer kleinen Melodie unterlegen und sie immer mal wieder am Tag vor Dich hinsingen (laut oder im Innern - so wie es passt), ruhig auch mehrmals wiederholt, so wie ein Mantra.

Einen hellen frohen Tag wünscht Dir, geliebtes Wesen,
Dein Friedensengel

Affirmationen

Ich bin (in) Frieden,
ich bin (in) Liebe,
ich bin (im) Licht.

Ich umarme meine Furcht
mit der Liebe meines Herzens.

Ich geh in Frieden durch den Tag,
was immer er mir bringen mag.

Frieden ist mein höchstes Ziel,
Frieden ist, was ich wirklich will!

Frieden, Shalom und peace!
Frieden, Shalom und peace!
Frieden, Shalom und peace!
Frieden, Shalom und peace!

Abend -Gedanken

Einen friedvollen Abend, wünsche ich Dir, geliebtes Wesen!

Bedanke Dich bei Dir selbst für die friedvollen Momente oder Zeiten, die Du Dir heute geschenkt hast.

Sollte es heute Menschen gegeben haben, die Dir friedensfördernde Worte oder Gesten entgegengebracht haben, kannst Du Dich jetzt auch (innerlich) bei ihnen bedanken.

Solltest Du im Moment unzufriedene, furchterfüllte, kämpferische, unfriedliche Gefühle haben, kannst Du mich, den Engel des Friedens, bitten, dass ich Dir meinen Frieden schenke, einen Frieden, der tiefer ist als alle Vernunft.

Sei dann einfach offen für das Wunder, das sich nun in Dir vollzieht.

Wenn Du Lust hast, singe Dich mit Deinem Friedenslied in den Schlaf.

Wisse einfach: Ich bin bei Dir und bereite alles vor, dass Du eine friedvolle Nacht hast.

Kannst Du mein leises Lied, das ich jetzt für Dich singe, hören?

Friedvolle schöne Träume wünscht Dir, geliebtes Wesen,
Dein Friedens-Engel

10. Tag

Heute schickt Dir Dein höheres Selbst den

Engel der Annahme

Seine Energie ist ruhig und sicher. In diesem Moment streicht er sanft über Dein Haar und sagt Dir:

„Hab keine Angst, geliebtes Wesen, dass Du irgendetwas in Dir finden könntest, was nicht liebenswert ist. Ich weiß, Du glaubst, bestimmte Seiten an Dir seien nicht in Ordnung. Ich aber sage Dir: Jeder Mensch hat Stärken und Schwächen. Das gehört zum Menschsein. In dem Moment, wo Du Deine Schwächen nicht mehr verurteilst, ablehnst und bekämpfst, sondern Frieden mit ihnen schließt, werden sie sich so in Dein Leben integrieren, dass Du sie leichter annehmen kannst. Wenn Du willst, helfe ich Dir dabei. Darf ich Deine Gedanken mit meiner Energie der bedingungslosen Annahme durchstrahlen? Du kannst mein Licht in Deinem Kopf spüren - es kribbelt ganz leicht unter Deinen Haarwurzeln, und in Deinem Kopf weht bei jedem Atemzug der sanfte Wind der Annahme, wenn Du an mich denkst.

Sei sicher, geliebter Mensch, Du bist in Ordnung, so wie Du bist, mit allem! Und was Du vielleicht noch nicht ganz annehmen kannst, das nehme ich an, denn ich liebe Dich bedingungslos."

Selbstzweifel und Annahme

Morgen - Gedanken

Guten Morgen, liebes Wesen!

Wenn Du heute in Selbstzweifel gerätst, stell Dir eine große geöffnete Hand vor - so groß, dass Du selbst hineinpasst. Es ist die Lichthand Deines höheren Selbstes. Wenn Du etwas in Dir anzweifelst und schwer akzeptieren kannst, denke daran, dass Dein höheres Selbst Dich liebevoll annimmt, genauso wie Du bist - auch damit. Lege Dich in Gedanken in seine Hand, kuschle Dich in seine bedingungslose Liebe hinein, und höre, wie es Dir sagt:

„Gott hat Dich genauso gemeint, wie Du bist. Du bist hier, um Dein So-Sein lieben zu lernen.

Nimm Dich an, mit allen Facetten. So kannst Du auch das Leben, so wie es sich Dir in jedem Moment darstellt, annehmen. Sag „Ja“ zu Dir, sag „Ja“ zum Leben.

„Ja“ ist das Zauberwort, das Dir hilft, glücklich zu sein. In meiner Hand hörst und fühlst Du das „Ja“. Kuschle Dich heute immer wieder für einen Moment in sie hinein, spüre mein „Ja“, und sage selber „Ja“. Lächle, und sage „Ja“ - probier es einfach aus - immer wieder.

Lächle und sage „Ja“, „Ja“ zu Dir und Deinem Leben.“

Diese Botschaft Deines höheren Selbstes bringe ich Dir, geliebter Mensch, immer wieder. Und ich helfe Dir, wenn Du es willst, ich helfe Dir, „Ja“ zu sagen, zu Dir, so wie Du bist!“

In bedingungsloser Akzeptanz grüßt Dich aus der Welt des Lichts
Dein Engel der Annahme

Affirmationen

Ich bin angenommen so wie ich bin.
Ich nehme mich an so wie ich bin.

Ich sage „Ja“ zum Leben,
das Leben sagt „Ja“ zu mir.

Ich wachse in das absolute „Ja“ hinein.

Durch das Annehmen dessen, was ich bin,
erfülle ich meinen Sinn.

Das „Ja“ zu mir und meinem Leben lässt mich immer leichter leben.

Abend - Gedanken

Guten Abend, lieber Mensch!

Inwieweit hast Du Dich heute von den Menschen, die Dir begegnet sind, angenommen gefühlt? Die Annahme, die Du durch andere erfährst, spiegelt den Grad der Annahme, die Du Dir selbst entgegenbringst.

Inwieweit kannst Du andere Menschen in ihrem So-Sein annehmen?

Wenn Du magst, danke den Menschen für ihre Annahme, denn sie tut so gut, nicht wahr? Diese Menschen geben Dir darüber Aufschluss, wie liebevoll Du mit Dir selbst umgehst. Und wenn es Dir möglich ist, danke auch denen, von denen Du Dich nicht angenommen gefühlt hast, denn sie lassen Dich Deine Themen erkennen, die Du noch nicht angenommen hast. Wenn Du das erkannt hast, ist der Spiegel im Außen nicht mehr nötig.

Dieses Erkennen und die Bereitschaft, Deine Annahme wachsen zu lassen, reicht aus, um in stärkere Annahmebereitschaft hineinzuwachsen. Du brauchst Dein höheres Selbst nur um Hilfe zu bitten und es geschehen zu lassen. Der Grad Deiner Annahme wächst über Nacht. Sag einfach „Ja“ und schlaf gut. Mit einem Ja im Geist schläfst Du in immer tiefere Liebe hinein.

Eine heilsame Nachtruhe, wünscht Dir, geliebtes Wesen,
Dein Engel der Annahme

11. Tag

Heute stärkt Dich Dein höheres Selbst mit dem

Engel der Güte

Seine liebevolle Ausstrahlung hilft Dir, Dich selbst und auch Deine Mitmenschen durch gütige verstehende Augen zu betrachten. In dem warmen Blick dieses Engels schmelzen Widerstände, Sorgen und Ängste dahin und Du kannst Dich entspannen.

Er hat das gütigste Gesicht, das Du Dir nur vorstellen kannst, und lädt Dich mit den folgenden Worten ein, bei ihm Frieden zu finden:

„Schau, geliebtes Wesen, schau mir ins Gesicht. Ja, das kannst Du am besten mit geschlossenen Augen tun. Engel werden am besten mit dem Herzen gesehen, so wie auch ich Dich mit dem Herzen sehe. Mein Blick bestrahlt Dein Gemüt mit gütigem, wärmendem Licht. Meine Lichthände streichen behutsam über Deine Aura und meine Worte tragen in allem, was sie Dir auch immer mitzuteilen haben, als Essenz nur eine Botschaft: Fürchte Dich nicht! Alles ist gut, Du bist auf Deinem Weg total geliebt."

Strenge und Güte

Morgen - Gedanken

Sei mir von Herzen willkommen, geliebtes Wesen!

Wahrscheinlich hast Du gerade meine Botschaft gelesen. Nun, wie geht es Dir damit? Hast Du mich schon manchmal in den Blicken oder Worten anderer Menschen wahrgenommen? Konntest Du meine Energie bereits in Dir fühlen? Bist Du zu Dir selbst gütig? Oder schenkst Du Deinem inneren Kritiker und Deinem inneren Antreiber noch sehr viel Raum?

Gerade dann, wenn Du mit Deiner eigenen Unvollkommenheit oder mit der eines anderen Menschen konfrontiert bist, brauchst Du die Grundhaltung der Güte und der freundlichen Großmütigkeit ganz besonders. Vielleicht hast Du Dich ja schon manches Mal gefragt, wie Du Dir diese Kraft mehr zu eigen machen kannst. Vielleicht hast Du Dir zuweilen auch gewünscht, das Leben möge doch gütiger mit Dir umgehen.

Dazu möchte ich Dich an etwas erinnern, was Du tief in Deinem Inneren längst weißt:

Das Leben verhält sich zu Dir so, wie Du es von ihm glaubst. So wie Du denkst, dass das Leben ist - so ist es. Und so wie Du denkst, dass die Menschen zu Dir sind, so sind sie. Und so wie Du zu Dir selbst stehst, so fühlst Du Dich.

Glaubst Du, dass Dein Leben ein gütiger Freund ist? Wenn ja - dann ist das so. Bist Du selbst gut zu Dir? Kannst Du Dich liebhaben mit all Deinen Stärken und Schwächen? Gehst Du fürsorglich, sanft und gütig mit Dir um? Manchmal ja - manchmal nein?

Vielleicht fragst Du Dich ja, was Du tun kannst, um immer öfter ein liebevolles Gefühl zu Dir empfinden zu können.

Viele Menschen wissen bereits um die Notwendigkeit der Liebe zu sich selbst, die dann automatisch in die Umwelt ausstrahlt und die Herzen der Mitmenschen berührt. Aber sie fragen sich: „Wie kann ich hineinwachsen in noch mehr Liebe zu mir selbst und dem Leben?“

Ich will Dir dazu heute gerne eine Anregung geben.

Nimm Dir regelmäßig (möglichst täglich) ein paar Minuten Zeit und schreibe Dir selbst einen kleinen Liebesbrief. Stell Dir vor, der liebevollste gütigste Teil von Dir selbst will Deiner Persönlichkeit Worte der Annahme, der Ermutigung, der Anerkennung und Wertschätzung schenken - so als würde ein guter weiser Freund und Berater Dir eine Botschaft senden. Sei Dir in diesem Moment dieser Freund. Lobe Dich für alles, was Dir einfällt - mag es Dir noch so banal erscheinen. Sprich Dir Mut zu für das, was vor Dir liegt. Danke Dir für alles, was Du bisher durchlebt hast - jede Erfahrung ist wertvoll! Und schreib Dir immer wieder, was für ein wundervoller, einzigartiger, wertvoller Mensch Du bist, wie sehr Du Dich liebst und es schätzt, an Deiner Seite zu sein (bzw. in Deinem Innern zu sein). Du wirst es bald spüren, diese Briefe an Dich selbst beinhalten einen geheimen Zauber, sie werden nach und nach zur Wirklichkeit - auch wenn Du Dich vorher ganz anders gefühlt hast. Denn die von Dir geschriebenen gütigen Worte werden sich verinnerlichen. Vielleicht weißt Du es noch aus der Schulzeit: Das, was geschrieben wurde, wird leichter behalten. Und bald wirst Du auch im Alltag in Deinen Gedanken sanfter, liebevoller und gütiger mit Dir selbst sein. Du hast ein mächtiges Werkzeug immer bei Dir: Die Kraft der Gedanken. Steuere sie in Richtung Liebe und Güte, und Dein Leben mit all seinen Begegnungen und Erfahrungen wird sich als gütig erweisen.

So wirst Du für Dich selbst und bald auch für andere Menschen zum Engel der Güte. Sei sicher, ich werde Dich dabei kräftig inspirieren.

Einen Tag voll Wärme und Liebe wünscht Dir
Dein Engel der Güte

Affirmationen

Ich bin mir selbst ein gütiger Freund / eine gütige Freundin.

Ich betrachte meine menschlichen Unvollkommenheiten
mit den Augen der Güte.

Mein innerstes Wesen ist Güte und Liebe.

In der Güte und Liebe meines inneren Selbstes
bin ich behütet, geborgen und verstanden.

Das Leben ist mir ein gütiger Freund.

Abend - Gedanken

Einen wirklich guten Abend wünsche ich Dir, lieber Mensch!

Wie geht es Dir jetzt? Konntest Du mich heute in Dir oder in einem anderen Menschen entdecken? Kannst Du mich jetzt fühlen?

Ich bin da! So wahr Du das hier liest. Ich helfe Dir dabei, einen kleinen Tagesrückblick zu halten - Dich durch meine Augen zu sehen, durch die Augen der Güte.

Wofür kannst Du Dir jetzt Lob und Anerkennung geben? Bitte suche jetzt nicht nach gigantischen Dingen, sondern übe Dich darin, die kleinsten Sachen, die Dir oft selbstverständlich erscheinen, lobend zu würdigen.

In welchen Themen möchtest Du Dich mit gütigen Worten stärken und ermutigen?

Gibt es eine Schwäche oder Unzulänglichkeit, die unseres gütigen Verständnisses bedarf?

Ich will Dich dazu inspirieren, in liebevoller, verstehender Güte mit Dir selbst zu reden ... und wenn möglich auch mit anderen.

Schließlich lege all die Gedanken, sowie auch eventuell noch ungelöste Angelegenheiten in meine Hände. Du kannst sie mir voll Vertrauen übergeben, damit Du in der Nacht einen ruhigen guten Schlaf findest.

Träume voll Liebe, Freundlichkeit und Wärme wünscht Dir
Dein Engel der Güte

12. Tag

Heute gibt Dir Dein höheres Selbst den

Engel der Stärke

an Deine Seite.

Du wirst seine machtvolle Energie immer wieder spüren. Mit seiner tiefen, wohlklingenden Stimme spricht er jetzt gerade in Deine Gedanken hinein:

„Du geliebtes Wesen, Kind des Himmels und der Erde, ich weiche heute nicht von Deiner Seite. Egal ob Du an mich denkst oder nicht - ich bin da, um Dich zu schützen und zu stärken. Meine Macht ist die Macht der Liebe - der bedingungslosen Liebe. Wenn Du heute Momente der Schwäche oder der Angst spürst, denke daran, dass ich bei Dir bin. Ich liebe Dich in all Deinen Gefühlen, auch in Deiner Angst. Lass uns gemeinsam diesen ängstlichen, schutzbedürftigen Teil in Dir liebevoll umarmen, solange bis er sich verstanden und gut aufgehoben fühlt. Wir haben alle Zeit der Welt. Du kannst Dich hineinfallen lassen in meine Größe und Stärke, und kannst Dich darin ganz sicher fühlen. Geborgen in meiner liebenden Macht wandere durch diesen Tag.

Willst Du meine Unterstützung annehmen? Ich bin für Dich da, den ganzen Tag, und wann immer Du mich sonst noch rufst, schicke ich Dir Gedanken und Gefühle von Stärke, Liebe und Vertrauen."

Angst und Stärke

Morgen - Gedanken

Guten Morgen, liebes Menschenwesen!

Wann immer Du heute Angst spürst, versuche herauszufinden, welche Gedanken Du denkst, die dieses Gefühl erzeugen.

Dann frage Dich, welcher Gedanke fühlt sich besser, angstfreier an, und setze ihn dazu.

Angst entsteht aus einer Denkebene, die nicht in Verbindung ist mit Deinem inneren göttlichen Selbst. Verbinde Dich immer wieder mit Deinem höheren Selbst, indem Du Dich hinsetzt, die Augen schließt und einfach denkst: Ich gehe jetzt in Verbindung mit meinem inneren göttlichen Selbst. Du kannst Dir dabei ein ewig leuchtendes Licht in der Mitte Deiner Brust (im Herzzentrum) vorstellen, das allein durch Deine Aufmerksamkeit immer strahlender wird und bald wie eine Sonne weit aus Dir herausstrahlt und Deine ganze Aura mit Licht durchflutet. Stell Dir vor, wie Du selbst ganz im Zentrum Deiner eigenen Sonne sitzt - sicher und geborgen im friedvollen Raum Deines Herzzentrums.

Dann frage Dich, welchen Gedanken Du zu Deinem bisherigen Angstgedanken hinzuzusetzen kannst. Wie lautet ein dazu passender Satz der Stärke, des Vertrauens? Lass diesen Gedanken durch Dein Gemüt ziehen, und wisse dabei: Jeder Gedanke, der sich sicher, vertrauensvoll und kraftvoll anfühlt, ist in Verbindung mit Liebe, denn Liebe ist Deine Ursubstanz - und Gedanken der Liebe sind um ein Vielfaches stärker als Gedanken der Angst.

Schon allein indem Du denkst: „Ich schicke Liebe an meine Angst!" – kurz: „Liebe an meine Angst!" wirst Du mehr Stärke fühlen. Du kannst alte Angstgedanken nicht einfach „abstellen", aber Du kannst neue Kraftgedanken hinzusetzen, und das bewirkt mit der Zeit ganz sicher eine spürbare Erleichterung. Denn Gedanken der Liebe und des Vertrauens wirken wesentlich kraftvoller als Gedanken der Angst, sie wirken mehr als hundertmal so stark!

Vielleicht befürchtest Du manchmal auch, dass sich Deine Angstgedanken verwirklichen. Dazu möchte ich Dir Folgendes sagen: Alles, was Dir bewusst ist, kann Dir nicht mehr schaden! Unbewusste Überzeugungen und Glaubensmuster manifestieren sich in Deinem Leben, um Dir bewusst zu machen, was Du über Dich und das Leben denkst. Die Überzeugungen, die Du kennst, brauchen sich deshalb nicht mehr in der Realität widerzuspiegeln, weil es keine Notwendigkeit mehr gibt, sie Dir auf diese Weise bewusst zu machen. Deshalb ist es nicht nur ungefährlich, sondern auch sehr heilsam, Dir Deine Ängste bewusst zu machen. Du kannst sie dann mit der Liebe Deines Herzens umarmen und sie auf diese Weise trösten und beruhigen, so wie es Dir schon mein Freund, der Engel des Friedens erklärt hat.

Indem Du Deine Angst nicht verurteilst, sondern sie liebevoll annimmst und Deine Wahlmöglichkeit von neuem zusätzlichem Gedankengut anerkennst, entsteht aus Deiner Angst Deine persönliche Stärke.

Heute ist ein Tag, Deine Stärke zu leben! Dabei helfe ich Dir gern.
Es grüßt Dich **Dein Engel der Stärke**

Affirmationen

Ich bin stark durch die Verbindung
mit meinem inneren göttlichen Wesen.

Meine Stärke wächst, wächst und wächst ...

Die Macht der Liebe macht mich stark.

Meine Stärke ist mein Vertrauen.

Auf Liebe und Vertrauen will ich mein Leben bauen.

Abend - Gedanken

Guten Abend, liebes Wesen! Frage Dich am Ende des Tages:
Habe ich heute Angst gehabt? Wie bin ich damit umgegangen?
Gab es einen winzigen Moment, in dem ich „neu gedacht“ habe?
Wenn ja, dann ist es jetzt an der Zeit, Dich dafür zu loben und anzuerkennen. Auch Dich zu trösten und zu lieben in Bezug auf die Angstmomente ist jetzt angesagt.

Hast Du Dich heute in irgendeinem Aspekt Deines Seins stark gefühlt?

Hast Du irgendwann plötzlich gespürt, wie Dir Stärke zugeflossen ist?

Bedanke Dich bei Dir selbst für jeden Moment der Stärke (geistige, seelische und körperliche).

Oftmals liegt Stärke in vielen kleinen Dingen des Alltags verborgen oder auch im zwischenmenschlichen Miteinander.

Wie oft hältst Du Deine eigene Kraft für selbstverständlich!

Schlaf nun voll Vertrauen ein, eingebettet in den Frieden Deines leuchtenden Herzzentrums.

Eine gute Nacht, die Dir wieder neue Kraft zufließen lässt,
wünscht Dir **Dein Engel der Stärke**

13. Tag

Heute gibt Dir Dein höheres Selbst den

Engel der Zuversicht

mit auf den Weg.

Seine optimistische Energie zaubert immer wieder ein kleines oder großes Lächeln in Dein Gesicht. In angespannten Momenten ist er wie Balsam für Dich, wenn Du an ihn denkst. Gerade jetzt sagt er lächelnd zu Dir:

„Sei gegrüßt, geliebter Mensch. Sei sicher, was auch geschieht, ich sorge dafür, dass Du ein Geschenk darin entdecken kannst.

Mit meinem Zauberstab erhelle ich Gesichter, Gemüter und Situationen. Gerade jetzt berühre ich Dich damit. Spürst Du ein leises Lächeln in Deinen Zellen?

Für diesen Tag heute rate ich Dir: Tue alles so, dass Du in Deinem Herzen dabei ein Lächeln fühlen kannst.

Wann immer Du Dich verkrampft fühlst, gib mir die Erlaubnis, Dich mit meinem Zauberstab zu berühren, und stell Dir dabei vor, wie Deine Zellen zu lächeln beginnen.

Und ein Strahlen breitet sich aus ...“

Verkrampftheit und Zuversicht

Morgen - Gedanken

Einen wunderschönen guten Morgen, lieber Mensch!

Spüre heute immer wieder in Deinen Körper hinein. In welchen Momenten fühlst Du Anspannung bis hin zu Verkrampfungen in Deinen Muskeln? Was ist es, was Dich in Spannung versetzt?

Finde dann Gedanken, die Dich entlasten. Rede Deinem Körper gut zu, sich zu entspannen. Er reagiert auf jeden Gedanken. Finde zu einer Haltung von Zuversicht, indem Du daran denkst, dass Dein höheres Selbst Dich überall begleitet, Dir hilft, wenn Du es darum bittest - und Dich in jedem Moment liebt, genauso wie Du bist.

Welche Menschen vermitteln Dir eine zuversichtliche Einstellung? Denke an einen, und stell Dir vor, was er in einer herausfordernden Situation zu Dir sagen würde.

Einen Tag voll Freude und Gelingen wünscht Dir, geliebtes Wesen,
Dein Engel der Zuversicht

Affirmationen

Ich bin voll Zuversicht
und vertraue dem Fluss des Lebens.

Zuversichtlich erwarte ich
die Geschenke meines Lebens heute.

Mein Vertrauen und meine Zuversicht
zaubern ein Lächeln in mein Gesicht.

Zuversichtlich gehe ich durch den Tag,
auf dass sich alles gut fügen mag.

Zuversichtlich schlafe ich ein -
mein Meister wird in Liebe bei mir sein.

Abend - Gedanken

Guten Abend, lieber Mensch!

Gab es heute Herausforderungen für Dich? Wie konntest Du mit ihnen umgehen? Wenn Du zufrieden mit Dir bist - lächle und lobe Dich.

Wenn Du Dir noch mehr Zuversicht und Gelassenheit wünschst, sage Dir die hochwirksame Zauberformel: „Es geht mir von Tag zu Tag in jeder Hinsicht besser und besser und besser!" und lächle ...

Rede Dir selbst gut zu - freundlich und ermutigend.

Für welchen Moment, in dem Du Dich heute für einen zuversichtlichen Gedanken entschieden hast, kannst Du Dich jetzt bei Dir selbst bedanken?

Bist Du heute einem Menschen begegnet, der Zuversicht ausstrahlte, der sich in irgendeiner Weise zuversichtlich geäußert hat? Betrachte ihn als Spiegel für Deine wachsende Zuversicht.

Wenn Du magst, bedanke Dich für diese Begegnung.

Und nun lass Dich voll Vertrauen und Zuversicht hineinsinken in einen erholsamen Schlaf.

Eine gute Nacht mit schönen Träumen wünscht Dir, lieber Mensch,
Dein Engel der Zuversicht

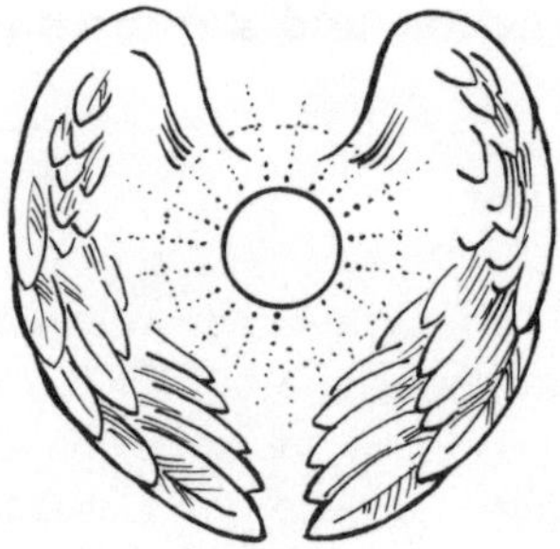

14. Tag

Für den heutigen Tag gibt Dir Dein höheres Selbst den

Engel der Behutsamkeit

mit auf den Weg.

Mit seiner sanften Energie bringt er Dich heute mit einer besonders zärtlichen Schwingungsebene in Kontakt. Jetzt gerade flüstert er Dir zu:

„Hallo, geliebtes Wesen, spürst Du mich? In diesem Moment berühre ich Dich sacht mit meinen Schwingen aus feinstem Licht. Wenn Du einverstanden bist, strahle ich meine behutsame Liebe direkt in Dein Herz und in Deine Aura hinein. Sie hilft Dir, mit Dir selbst vorsichtig und behutsam umzugehen, was in Dir ein spürbares Wohlgefühl wachsen lässt.

Auch andere Menschen werden berührt von diesem zarten Hauch, der Dich dadurch umgibt.

Ich behüte Dich mit meiner Liebe. Willst Du Dich einkuscheln in meine Flügel?

Behutsam trage ich Dich durch den Tag, und Du kannst Dir erlauben Dein Herz zu öffnen.

Du bist beschützt!“

Schrecken und Behutsamkeit

Morgen - Gedanken

Guten Morgen, Du liebes Menschenwesen! Nimm Dir einen Moment Zeit, und stell Dir vor, wie Dein höheres Selbst liebevoll Deine Hand in seine Lichthand nimmt und sie ganz geborgen und sicher in seiner großen Hand liegt. So geborgen bist Du in seiner Liebe.

Nun führt Dir Dein höheres Selbst die Hand ganz sanft und trägt sie zu Deinem Gesicht, um Dich ganz behutsam zu streicheln. Spüre Deine Hand, wie sie zart über Deine Wangen und Deinen Hals streichelt, wie sie Deine Stirn und Augen sanft berührt und Dir schließlich in einer zärtlichen Geste übers Haar streicht. Nimm die Behutsamkeit dieses Augenblicks ganz in Dir auf. Es ist Dein höheres Selbst, das Dir die Hand führt.

Nimm nun diese zärtliche Schwingung mit in Deinen Tag, und erlaube Dir kleine Pausen zwischendurch, in denen Du Dich immer mal wieder in dieser behutsamen Weise berührst. Besonders dann, wenn Du Dich unter Druck fühlst oder irgendetwas Dich in einen kleinen oder größeren Schrecken versetzt - sei es ein eigener Gedanke, eine vor Dir liegende Situation, ein anderer Mensch, eine neue Anforderung oder was auch immer ...

Die kleine Geste der Behutsamkeit ist zwischendurch immer möglich. Sie erinnert Dich daran, behutsam mit Dir selbst umzugehen, Dich nicht zu etwas zu zwingen und Dich zu nichts zwingen zu lassen. Du brauchst nicht zu erschrecken. Es gibt für alles immer auch einen behutsamen Weg. Ich zeige ihn Dir und Dein höheres Selbst behütet Dich mit seiner Liebe.

Es grüßt Dich zärtlich aus der Welt des Lichts
Dein Engel der Behutsamkeit

Affirmationen

Ich bin ein behutsames, liebevolles Wesen.

Ich entscheide mich für ein behutsames Miteinander
mit mir selbst und allen Wesen -
und lasse es geschehen.

Behutsam und sicher
führt mich mein höheres Selbst
durch die Wellen meines Lebens.

Abend - Gedanken

Einen wunderschönen guten Abend, wünsche ich Dir lieber Mensch!

Gab es heute Momente des Schreckens für Dich? Wie bist Du da mit Dir umgegangen?

Wann und in welcher Weise bist Du heute behutsam zu Dir und/oder anderen gewesen?

Bedanke Dich bei Dir für jede Geste, für jedes Wort, für jede Entscheidung, die Behutsamkeit zum Ausdruck brachte, zu Dir selbst und zu anderen.

Wie behutsam gingen andere Menschen mit Dir um? Sie spiegeln Deinen Grad der Behutsamkeit mit Dir selbst.

Schenke Dir zum Einschlafen noch ein paar behutsame Streicheleinheiten im Bewusstsein der sanften Führung Deines höheren Selbstes.

Denk daran, es behütet Dich bei Tag und bei Nacht.

Schlafe Du nun gut, geliebtes Wesen.

Ich, Dein Engel der Behutsamkeit, behüte Dich auch in der Nacht.

15. Tag

Heute sendet Dir Dein höheres Selbst den

Engel der Achtsamkeit

Seine respektvolle Energie hilft Dir, Dich selbst wertzuschätzen und zu achten, so wie Du in jedem Moment bist. Jetzt in diesem Augenblick erinnert er Dich:

„Sei mir gegrüßt, geliebtes Wesen. Du bist einzigartig in Deiner Art und Weise zu denken, zu fühlen und zu handeln. So wie Du ist kein anderer Mensch! Achte Dich in Deiner Einzigartigkeit. Ich komme, um Dich immer wieder darauf aufmerksam zu machen, wie Du mit Dir selbst umgehst. Achtest Du Deine Wünsche, Deine Sehnsüchte, Deine Bedürfnisse und Deine Grenzen? Immer wieder ermutige ich Dich dazu, Dich zu Dir selbst und natürlich auch zu allen anderen Wesen achtsam zu verhalten.

Möchtest Du meine kontinuierliche Unterstützung annehmen?

Ich beobachte Dich mit liebevoller Aufmerksamkeit und gebe Dir immer wieder sanfte Impulse, wenn Du vor kleinen und größeren Entscheidungen des Alltags stehst, wie Du mit Deinem Körper und mit Deinen Gefühlen umgehst. Meine leise, geduldige Stimme wird Dich durch den Tag begleiten und Dich immer wieder fragen: Wie achtsam gehst Du gerade mit Dir um? Wie achtsam möchtest Du mit Dir sein?

Bist Du bereit meine Stimme in Dir zu vernehmen? Darf ich Dir sanft auf die Schulter klopfen, wenn Du in Versuchung kommst Deine Achtsamkeit zu vergessen?“

Abwehr und Achtsamkeit

Morgen - Gedanken

Guten Morgen, geliebter Mensch!

Wie wäre es, wenn Du Dir für den heutigen Tag vornimmst, besonders feinfühlig hinzuspüren, wie achtsam Du mit Dir selbst umgehst?

Was löst in Dir ein inneres „Ja“, ein freudiges Kribbeln Deiner Zellen aus? Womit fühlst Du Dich herrlich wohl? Womit fühlst Du Dich unwohl?

Dein Inneres weiß, was Du in Deinem Leben zum Ausdruck bringen möchtest. Dieses Wissen drückt sich in Deinem Körper und in Deinem Gemüt aus. Je wohler Du Dich fühlst, umso mehr lebst Du das, was Du wirklich sein willst. Je mehr Du lebst, was Du wirklich sein willst, umso wohler fühlst Du Dich! Du liebst Dich, indem Du Deiner inneren Wahrheit treu bist.

Nimm diesen Tag heute als Gelegenheit, immer wieder darauf zu achten, ob Du zum Ausdruck bringst, was und wie Du aus Deinem Herzen heraus wirklich sein willst. Deine Gefühle und Dein Körper helfen Dir dabei. Lege mehrmals am Tag kurze Pausen ein, in denen Du herausfinden kannst, wie stark Du mit dem, was Du fühlst, im Einklang bist. Besonders dann, wenn Du körperliches oder emotionales Unwohlsein spürst, frage Dich, welches Bedürfnis bzw. welche Grenze Du nicht wahrgenommen oder vielleicht bewusst übergangen hast. Schon der Vorgang, es Dir bewusst zu machen, hilft Dir, dass es Dir vielleicht schon bald besser geht, weil Du in Freundschaft lebst mit Deinem Körper und mit Deinem Gemüt. In ihnen steckt eine große Weisheit. Sie wissen, was für Dich gut ist, und offenbaren es Dir. Je sensibler Du in Dich hineinfühlst, umso sanfter können ihre Impulse sein und müssen sich nicht durch Krankheit ausdrücken.

Wenn Du auf Dich achtest, wirst Du „ja“ sagen, wenn Du „ja“ meinst, und Du wirst einen freundlichen, zumindest aber respektvollen Weg finden „nein“ zu sagen, wenn Du „nein“ meinst - ohne Dich in eine Haltung von Abwehr und Kampf zu verwickeln. Wenn Du weißt, dass Du gut für Dich sorgst und für Dich einstehst, braucht der Teil in Dir, der Deine Bedürfnisse vertritt, nicht prophylaktisch in eine Abwehr-Haltung gehen, wenn etwas an Dich herangetragen wird, was Dein Wohlgefühl in Frage stellt. Er kann sich entspannen und darauf vertrauen, dass Du auf Dich gut Acht gibst.

Du kannst Dich in Deiner Achtsamkeit unterstützen, indem Du Dir mehrmals am Tag den Satz sagst: „Ich achte die Botschaften meiner Gefühle und meines Körpers. Ich achte darauf, ob das, was ich denke, sage und tue meinem höchsten Wohl dienlich ist".

In Respekt und Liebe grüßt Dich
Dein Engel der Achtsamkeit

Affirmationen

Ich bin achtsam und wähle bewusst, was mir gut tut.

Heute achte ich die Bedürfnisse und Grenzen,
die mir mein Körper und mein Gemüt zeigen.

Meine Achtsamkeit hilft mir,
liebevoll und sanft meinen Weg mit mir selbst zu gehen.

Ich bin achtsam mit mir und allen Wesen,
die meinen Weg kreuzen.

Abend - Gedanken

Guten Abend, geliebter Mensch!

Wie achtsam bist Du heute mit Dir umgegangen? Hast Du Dich selbst angetrieben oder hast Du auf alles geachtet, was zu Deinem Wohlbefinden beiträgt?

Wenn Du Abwehr in Dir gespürt hast, hast Du vielleicht schon einige Bedürfnisse oder Grenzen überschritten. Gehe jetzt noch einmal gedanklich zurück in diese Situation, und schenke Dir Worte des Verständnisses, des Mitgefühls und der Wertschätzung.

Wie achtsam sind andere Menschen heute mit Dir umgegangen?

Sie dienen Dir als Spiegel, in dem Du erkennen kannst, wie achtsam Du bereits mit Dir selbst bist.

Wenn Du magst, danke Deinem Körper und Deinen Gefühlen für ihre Botschaften, die sie Dir vermitteln. Ist Dein Körper in Harmonie und Wohlbefinden oder in Spannung und Unwohlsein? In welchem Moment empfindest Du mehr das Eine oder mehr das Andere? Es zeigt Dir, wo und in welchem Maße Du freundlich und achtsam mit Dir umgehst.

Achte darauf, welche Gedanken Dir vor dem Einschlafen besonders gut tun.

Eine friedvolle Nacht, lieber Mensch, wünscht Dir
Dein Engel der Achtsamkeit

16. Tag

Heute stellt Dir Dein höheres Selbst den

Engel der Gelassenheit

an die Seite.

Mit seiner friedvollen Engel-Energie wird vieles leichter. Er sorgt dafür, dass Ruhe in Dir Einzug hält. Gerade jetzt flüstert er Dir zu:

„Sei gesegnet, geliebter Mensch! Mitten in den Wogen des Lebens, in den Wellen der Ereignisse, im Getöse der Worte und Taten stehe ich, Dein Engel, ruhig und gelassen, sicher wie ein Fels in der Brandung. Du kannst Dich an mir festhalten, ich werde Dich halten. Wenn Du Dich auf mich besinnst, spürst Du, wie eine tiefe Gelassenheit Dich durchströmt.

Ich reiche Dir meine Hand. Nimmst Du sie?

Friedvolle Ruhe, die sich mit dem Verstand nicht erklären lässt, fließt dann in Dich hinein. Ich nehme Dich gern an die Hand und führe Dich in aller Ruhe durch die Situationen Deines Lebens.

Schließe für einen Moment Deine Augen. Spürst Du, wie sich friedvolle Gelassenheit in Dir ausbreitet? Nimm diese Schwingung nun mit in Deinen Tag hinein."

Ungeduld und Gelassenheit

Morgen - Gedanken

Hallo, einen wunderschönen guten Morgen, geliebtes Wesen!

Halte an diesem Tag ganz oft inne und spüre den Boden unter Deinen Füßen. Nimm dabei jeweils drei tiefe Atemzüge und stelle Dir vor, wie die Kraft von Mutter Erde durch Deine Fußsohlen aufwärts durch Dich hindurchfließt und Dich mit friedvoller Gelassenheit versorgt.

In welchen Situationen spürst Du Ungeduld in Dir? Wie geduldig bist Du mit Dir selbst? Wie heftig und ungeduldig ist Dein innerer Antreiber?

Wie wäre es, wenn Du heute ganz besonders liebevoll und geduldig mit Dir selbst umgehst?

Gelassenheit entwickelt sich in Dir mehr und mehr, wenn Du Folgendes weißt:

Für alles Wesentliche ist die Zeit da, es in Ruhe zu tun bzw. es in Ruhe wachsen zu lassen.

Jede Entwicklung hat Zeit und braucht ihre Zeit.

Einen friedvollen Tag mit Ruhe und Zuversicht in Deinem Gemüt wünscht Dir, lieber Mensch, **Dein Engel der Gelassenheit**

Affirmationen

Ich bin, wann immer ich es will, ruhig und gelassen.

Ich habe für alles Wesentliche genug Zeit,
es in Ruhe zu tun.

Gelassenheit ist mein natürlicher Seinszustand.

Ich entscheide mich für die Grundhaltung friedvoller Gelassenheit
und lasse diese zu.

Ich bin ruhig und gelassen,
bereit, alle Kämpfe loszulassen!

Abend - Gedanken

Einen friedvollen guten Abend, lieber Mensch!

Hast Du heute in Dir Ungeduld gespürt und vielleicht auch ungeduldig agiert oder reagiert?

Wenn ja, dann gehe jetzt gedanklich zurück in diese Situation. Du bist jetzt dort quasi als unsichtbare zusätzliche Person, die nur von Dir selbst wahrgenommen wird. Rede Dir liebevoll und geduldig zu, berühre Dich mit einer liebevollen Geste, und stell Dir vor, wie sich die Stimmung dieser Situation verändert, wenn Du ganz gelassen bleibst. Du hast damit eine liebevolle Schwingung in Deine jüngste Vergangenheit gebracht. Dein Unterbewusstsein kann nicht unterscheiden zwischen realer und vorgestellter Wirklichkeit und trägt nun beide Erinnerungen in sich. Das hilft Dir, die Haltung von Gelassenheit von Mal zu Mal mehr in Dein Leben zu integrieren.

Bedanke Dich bei Dir selbst für jeden Moment, in dem Du gelassen bleiben konntest.

Eine ruhige, friedvolle Nacht, liebes Wesen, wünscht Dir
Dein Engel der Gelassenheit

17. Tag

Heute schickt Dir Dein höheres Selbst den

Engel der Ermutigung

Du wirst seine kraftvolle Engel-Energie mehrmals am Tag in Deinen Gedanken und Gefühlen spüren. Jetzt gerade sagt er Dir:

„Geliebtes Wesen! Trau Dich, Dein innerstes Selbst zu leben. Sei echt, und lebe wahrhaftig. Ich lasse Dir den Mut zufließen, den Du dazu brauchst, Dich mehr und mehr hervorzuwagen. Es gibt nichts an Dir, was ablehnenswert ist.

Für diesen Tag heute lade ich Dich ein in das Abenteuer, ganz und gar Du selbst zu sein. Willst Du meiner Einladung folgen?

Du brauchst nur „Ja“ zu denken oder zu sagen, und ich lasse Dir den Mut, den Du dazu brauchst, immer wieder zufließen - sowie Du Dich auf mich besinnst.“

Ablehnung und Ermutigung

Morgen - Gedanken

Guten Morgen, lieber Mensch!
Gibt es an diesem Tag irgendetwas (eine Situation, eine Person,

eine Tätigkeit, einen Ort), das ein Gefühl von Ablehnung in Dir hervorruft?

Dann stell Dir jetzt vor, Dein höheres Selbst ist als Lichtgestalt hinter Dir, legt Dir seine Hände auf die Schultern und sagt: „Es ist alles viel leichter, als Du denkst. Spüre, wie ich Dir den Druck nehme, ich nehme die Last der Ablehnung von Deinen Schultern. Wir gehen gemeinsam durch diesen Tag, und in jedem Moment, wo Dir etwas schwer oder ablehnenswert erscheint, bin ich da und mache es Dir leichter, indem ich Dir Kraft, Mut und Liebesenergie zufließen lasse. Sie fließen durch meine Hände, die ich Dir dann immer wieder auf die Schultern lege, in Dich hinein."

Du kannst Dir dieses Bild öfter am Tag vorstellen und weitere ermutigende Worte und Gesten dazu finden.

Immer wenn Du ablehnende oder verurteilende Gedanken Dir selbst oder anderen gegenüber entdeckst, lass Dich von Deinem höheren Selbst mit Lichtenergie berühren und sage Dir: „Alles ist in Ordnung, in mir und um mich herum. Alles hat seinen Platz in der göttlichen Ordnung. Hab Mut - und alles ist gut!"

Einen frohen Tag in optimistischer Grundhaltung wünscht Dir,
geliebter Mensch **Dein Engel der Ermutigung**

Affirmationen

Ich bin mutig und öffne mich vertrauensvoll dem Leben.

Von Moment zu Moment wächst mein Mut,
wahrhaftig und echt aus meiner Mitte heraus zu leben.

Mutig und wach bewege ich mich
durch die Abenteuer meines Lebens.

Ich bin guten Mutes,
mir widerfährt viel Gutes!

Abend - Gedanken

Guten Abend, Du mutiger Mensch!

Gab es heute irgendeinen Menschen, der Dir Mut gemacht hat, durch sein Handeln oder durch seine Worte?

Gab es heute eine Situation, in der Du Mut brauchtest?

Hast Du heute in Dir ermutigende Gedanken finden können?

Hast Du an meine Anwesenheit gedacht?

Hast Du einem anderen Menschen Mut gemacht?

Wenn Du magst, bedanke Dich für alle Ermutigungen, die Du heute erlebt hast.

Du kannst Dein höheres Selbst bitten, Dir mehr und mehr Ermutigungen zukommen zu lassen - und Du wirst sie bekommen.

Bedenke auch: Jede herausfordernde Situation, die Mut erfordert, birgt eine Wachstumschance, Vertrauen zu entwickeln und zu Dir zu stehen. Dein Mut und Deine Kraft verstärken sich immer mehr.

Nun ruhe Dich aus und entspanne Dich.

Ich, **Dein Engel der Ermutigung**, lächle Dir freundlich zu und versichere Dir: Hab Mut, alles ist gut!

18. Tag

Heute schickt Dir Dein höheres Selbst den

Engel der Unterstützung

Seine allumfassende Energie wirst Du heute als Kraftfeld empfinden, das Dir jederzeit zur Verfügung steht. In diesem Moment gibt Dir der Engel folgende Botschaft:

„Sei mir gegrüßt, lieber Mensch! Ich gebe Dir meine Unterstützung für alles, was Du selbst willst, und ich gebe sie Dir gern und intensiv. Nur eines kann ich nicht für Dich tun - ich kann nicht für Dich wollen, das heißt: Ich kann und will Dich in Deinem Wollen, Deinem stillen Sehnen und Deinem Wünschen nicht beeinflussen. Deshalb empfehle ich Dir: Sage mir Deine Wünsche für den heutigen Tag, jetzt und auch immer wieder zwischendurch. Teile mir mit, was Du willst - und ich verspreche Dir, ich werde Dich darin unterstützen.

Du wirst heute eine ganz besonders starke Umsetzungskraft haben. Sie fließt Dir durch mich zu. Benenne einen Wunsch, und ich werde eine Kraftwolke um Dich herum entstehen lassen, die ihn schnellstmöglich in Deine erlebbare Realität umsetzt.

Ein Tipp dazu: Füge Deinen Wünschen immer hinzu: „... sofern es zu meinem höchsten Wohl ist." Denn nicht immer kannst Du voraussehen, ob Dir die Erfüllung Deines Wunsches wirklich gut tut.

So sind wir ein gutes Team: In Deinem höheren Selbst ist das Wissen, ob und in welcher Weise Dir Dein Wunsch dienlich ist. In mir ist die unterstützende Kraft, die hilft, ihn in der von Deinem höheren

Selbst gewählten Weise umzusetzen, und in Dir liegt die Entscheidung, was Du heute für diesen Tag wählst.

Was willst Du heute geben, bekommen, erleben, erfahren? Spürst Du die Kraftwolke meiner Unterstützung gerade um Dich herum?

Freue Dich! Heute ist ein Tag, an dem sich vieles besonders leicht verwirklichen lässt!"

Rückzug und Unterstützung

Morgen - Gedanken

Hallo, guten Morgen geliebter Mensch!

Nimm Dir heute immer mal wieder Zeit für einen kleinen Rückzug in Dich selbst hinein, und finde heraus, was Du in Deinem tiefsten Herzen wirklich willst.

Wenn Du magst, kannst Du dazu die Augen schließen, eine Hand auf Dein Herzzentrum legen und ganz konkret fragen: „Was will ich für diesen Tag? Herz, was sagst Du mir? Was will ich jetzt tun, erfahren, erleben? Wie will ich mich bezüglich dieser oder jener Fragestellung verhalten?"

Stelle eine Frage, warte einen Moment, und höre in Dich hinein, welche Gedanken oder Bilder Dir dazu kommen. Ob sie wirklich aus der göttlichen Quelle Deines Herzens kommen, erkennst Du an dem Gefühl, das sie in Dir auslösen. Herzensantworten fühlen sich immer leicht und friedvoll an. Aus Deinem Herzen erhältst Du die optimale Unterstützung für Dein Leben. Deshalb ist es so hilfreich, Dich immer mal wieder zurückzuziehen, um Dich mit dem Wissen und der friedvollen Kraft Deines Herzens zu verbinden. Dann wollen die erhaltenen Botschaften umgesetzt werden. Das Wahrnehmen und das Handeln gehören zusammen. Vertraue Deinem Herzen und tue, was es Dir sagt.

Tue, was Dein Herz zum Singen bringt. Tanze nach der Melodie Deines Herzens, freue Dich an Deinem Tanz, und Du steckst andere an mit Deiner Freude. Das ist die wertvollste und größte Unterstützung, die Du Dir und anderen geben kannst.

Frage Dich immer wieder: „Herz, was willst Du jetzt?" Und tue es!

Einen kraftvollen Tag in inniger Verbindung mit Deinem Herzen wünscht Dir, geliebter Mensch, **Dein Engel der Unterstützung**

Affirmationen

Ich bin in Verbindung mit einer großen
Kraftquelle, die mich jederzeit unterstützt.

Ich werde liebevoll und verlässlich unterstützt von meinem
höheren Selbst
in jeder Lebenslage.

Die liebevolle weise Kraft meines Herzens
unterstützt mich in allen Bereichen meines Lebens.

Unterstützung ist mir gewiss,
wo ich gehe und stehe.

Abend - Gedanken

Guten Abend, geliebtes Wesen!

Wenn Du magst, nimm Dir einen Notizblock oder Dein Tagebuch und mache Dir bewusst:

Ich wollte heute ... und habe es getan!

Ich wollte heute ... und habe es erlebt!

Ich wünschte mir für heute ... und bekam es - so oder anders, als ich vorher dachte.

Schreibe auch die Kleinigkeiten auf, auch alltägliche Erfahrungen gehören dazu (z.B. „Ich wollte gut essen - und ich habe es getan“).

Wenn Du magst, bedanke Dich bei Dir und beim großen Ganzen für alles, was Du heute verwirklichen konntest, und lass Dich nun in einen zufriedenen Schlaf gleiten.

Eine wunderschöne Nacht voll Frieden und Geborgenheit
wünscht Dir **Dein Engel der Unterstützung**

19. Tag

Heute gibt Dir Dein höheres Selbst den

Engel der Akzeptanz

mit auf den Weg.

Seine freundliche Energie erhellt Dein Denken und Dein Gemüt. In diesem Moment spricht er in Deine Gedanken hinein:

„Guten Morgen, geliebtes Wesen! Ich will Dir helfen Dich selbst zu akzeptieren, in all Deinen Fähigkeiten, Stärken und Schwächen. Um geliebt zu sein, musst Du nicht perfekt sein!

Kein Mensch kann jemals perfekt sein - und Dein Wert hat nichts mit erbrachten Leistungen zu tun. Ich will Dir helfen, Deinen Wert zu spüren ... Kein Mensch ist so wie Du. Du bist ein einzigartiges, wundervoll strahlendes Mosaiksteinchen im kosmischen Bild. Je mehr Du Dich selbst in Deinem So-Sein akzeptierst, umso stärker ist Dein Strahlen.

Darf ich Dir in meiner bedingungslosen Akzeptanz helfen, Deine Vorstellungen und Ansprüche, wie Du meinst, dass Du sein solltest, loszulassen und einfach frei zu leben?

So wie Du bist - bist Du in Ordnung. Du wirst Dich herrlich leicht fühlen, wenn Du ganz verstehst, dass Gott Dich genauso gemeint hat, wie Du bist. Darf ich Dir meinen Lichtstrahl der Akzeptanz in Dein Herz schicken? Darf ich das an diesem Tag immer wieder tun und Dich liebevoll erinnern, dass Deine Ausstrahlung immer schöner und heller wird, je stärker Du bereit bist, Dich selbst zu akzeptieren?

Dann kannst Du auch andere in ihrem So-Sein leichter annehmen. Der Veränderungskampf mit Dir selbst und der Welt um Dich herum hört auf, und Frieden zieht ein - ein herrliches Gefühl!
Willst Du mit mir in der strahlenden Aura des Friedens durch den Tag gehen, indem Du Dich selbst akzeptierst in Deiner Einzigartigkeit?"

Minderwertigkeit und Akzeptanz

Morgen - Gedanken

Einen wunderschönen guten Morgen, liebes Wesen!
Hast Du es inzwischen schon erkannt? Allem, was Du bekämpfst, gibst Du zusätzliche Energie in Form von gebündelter Aufmerksamkeit und verstärkst es dadurch. Wenn es Aspekte in Deinem Leben gibt, die Du abwertest, liegt dem immer ein vergleichendes Urteil, meist eine Verurteilung zu Grunde.
Der menschliche Verstand arbeitet nun mal so, dass er alles mit allem vergleicht und in Schubfächer einsortiert, analysiert, beurteilt. Du hast aber mehr als Deinen Verstand, der meist der Schnellste ist, der sich Gehör verschafft. Du hast auch ein Herz. Es hilft Dir, immer wieder in eine Haltung des Friedens zurückzufinden, der durch das Akzeptieren Deines So-Seins entsteht. Wenn Du also merkst, dass Du wieder einmal - und das geht oft wie automatisch - dabei bist, Dich zu vergleichen und zu verurteilen, was unweigerlich ein Minderwertigkeitsgefühl hervorruft, dann sage ganz energisch „Stop!" Es ist ein großer Schritt, wenn Du das überhaupt bemerkst. Es geht vielleicht schon so lange, so häufig, so automatisch, wurde von Kindheit an trainiert und später in Deiner eigenen spitzfindigen Weise fortgesetzt, dass Du Dich selbst mit den tollen Eigenschaften anderer vergleichst und nach Qualitäten beurteilst, die andere festlegen. Wenn Du Dich mit Dir selbst in Deinem Leben wohlfühlen willst, kommst Du nicht daran vorbei zu lernen, bewusst umzudenken und Dich zu akzeptieren wie Du bist. Was zunächst einmal heißt, all das, was Dir zur Zeit noch nicht möglich ist, anzunehmen und Dich an dem zu freuen, was Dir gelingt. Beobachte Dein Denken. Wenn Du

etwas an Dir verurteilst, bemerke das und hebe diese Herabwürdigung wieder auf.

Wenn Du etwas an Dir, was Du bisher meintest verändern zu müssen, immer noch nicht akzeptieren kannst, dann akzeptiere die Tatsache, eben dass Du das noch nicht akzeptieren kannst.

Wenn Du noch nicht damit aufhören kannst, Dich mit anderen zu vergleichen und Dich nach Druck erzeugenden Kriterien zu beurteilen, dann akzeptiere diesen Fakt, dass Du noch! nicht akzeptierender mit Dir umgehen kannst. Gehe mit Deiner Akzeptanz bis zu den Punkten, die Du ehrlich akzeptieren kannst. Denn es nützt Dir nichts, wenn Du sagst, dass Du etwas akzeptierst, aber es nicht so empfindest. Jeder Augenblick, in dem Du etwas wirklich akzeptieren kannst, verleiht Dir Kraft.

Ich lade Dich heute dazu ein, ganz bewusst nach Akzeptanz-Gedanken zu suchen.

Nach und nach wird dieses bewusste Hinzufügen eines neuen, akzeptierenden Gedankenguts neue, angenehme Gefühle in Dir hinterlassen. Um das Neue auch in Deinem Unterbewusstsein zu verankern, schenke Dir dazu eine Erfahrung, die mit allen Sinnen erinnerbar und abrufbar ist. Tanze jetzt mit Dir den Tanz der Akzeptanz, den „Akzep-Tanz“: Wähle Dir dazu einen kleinen Gegenstand aus (z.B. einen Stein, ein Bildchen, ein Schmuckstück etc.) und tanze verrückt und lustig um ihn herum. Wenn Du willst, stell Dir vor, dass Dein Engel auch mittanzt. Vielleicht magst Du Dir dazu eine Musik aussuchen oder etwas dazu singen. Es ist gut, wenn Du immer wieder das Wort „Ja“ dabei sagst oder singst, z.B.: „Ich sage Ja, Ja, Ja! Ja zu mir, so wie ich bin. Ja zum Leben mit ganzem Sinn! Ja, Ja, Ja, ich bin für mich da!“ Wenn Du zur Musik tanzt, dann singe oder sage Dein „Ja“ im Anschluss, während Du den Gegenstand im Zentrum Deines Tanzes in die Hand nimmst und mit der Gedankenkraft des Akzeptierens auflädst. So hast Du Dir ein magisches Erinnerungsstück geschaffen, das Du durch den Tag hindurch bei Dir tragen kannst. Es wird Dir in den Momenten, wo Du Dich beim automatischen Vergleichen oder Verurteilen ertappst, helfen, in die Schwingung der Akzeptanz zu gelangen. Dies ist ein hochwirksames Ritual für Dein Unterbewusstsein. Dein Erinnerungsbild an den lustigen Tanz, das Musikstück dazu und Dein Ja-Gesang/Wort verbinden Dich leicht mit der Energie dieses Momentes. Darf ich Dich nun zum Tanz durch diesen Tag bitten?

In Leichtigkeit und Freude führt Dich
Dein Engel der Akzeptanz

Affirmationen

Ich bin akzeptiert, so wie ich bin! Ich akzeptiere mich,
so wie ich bin!

Ich sage „Ja“ zu mir, „Ja“ zu dir, „Ja“ zum Leben!
So wie ich bin, so bin ich eben!

Akzep-Tanz tanzt durch alle meine Zellen.

Es fällt mir von Tag zu Tag leichter, mich zu akzeptieren,
wie ich bin.

Abend - Gedanken

Einen wunderschönen guten Abend, geliebtes Wesen!
Wie viel Akzeptanz konntest Du Dir heute geben?
Hast Du irgendwann am Tag an Deinen Akzep-Tanz gedacht?
Wie viel Akzeptanz hast Du durch andere Menschen erlebt?
Konntest Du die Anderen in ihrem So-Sein akzeptieren?

Übrigens: Das, was Du an anderen schwer akzeptieren kannst, ist immer auch ein Aspekt Deines eigenen Selbst, den Du nicht anerkennen willst – oft jedoch in anderen Zusammenhängen. Ich nenne das Spiegeleffekt.

Wenn Du magst, danke Dir und anderen für die Akzeptanz, die Dir heute zuteil wurde.

Vor dem Einschlafen sag noch einmal ganz liebevoll „Ja“ zu Dir, und lege das Erinnerungsstück Deines Akzep - Tanzes neben Dein Bett. Es strahlt seine akzeptierende Energie auf Dich, und während Du schläfst, dringt Dein „Ja“ zu Dir selbst in tiefere Bewusstseinsschichten ein.

Sei sicher, wenn Du aufwachst, hat sich Deine Akzeptanz-Energie schon vermehrt.

Schlafe Du nun gut, geliebtes Wesen.

Ich, **Dein Engel der Akzeptanz**,
tanze mit Dir durch die Nacht - vielleicht in schöne Träume hinein...

20. Tag

Heute schickt Dir Dein höheres Selbst den

Engel der Geduld

Jetzt gerade und immer wieder an diesem Tag streicht er Dir sacht über Deinen Rücken. Mit seiner beruhigenden Energie steht er Dir bei, wann immer Du ihn brauchst. Er gibt Dir folgende Botschaft:

„Sei gegrüßt, lieber Mensch! Es gibt immer mal wieder Momente, in denen Du Dich verunsichert fühlst, weil Du meinst, schneller oder besser sein zu müssen ... in welcher Weise auch immer. Dann bin ich bei Dir. Du fühlst meine Energie als beruhigendes Streichen auf Deinem Rücken und hörst in Dir meine Worte: Geduld, liebes Wesen, hab Geduld mit Dir! Alles hat seine Zeit! Alles braucht seine Zeit! Gib Dir und den Menschen Deines Lebens Zeit - und alles entfaltet sich ohne Kraftanstrengung. Vertraue Dich dem Fluss des Lebens an, und fließe mit ihm in seinem Tempo. Lass seinen Rhythmus Deinen Lebensrhythmus bestimmen. Alles Wesentliche entwickelt sich von allein in der ihm eigenen Zeitqualität. Lass es geschehen und vertraue! Ich helfe Dir dabei, wenn Du es willst. Darf ich Dich mit meiner Energie der Geduld berühren? Ich streiche Dir in langsamen, kreisenden Bewegungen immer wieder sanft über Deinen Rücken und flüstere dabei: Geduld, hab Geduld ."

Unsicherheit und Geduld

Morgen - Gedanken

Guten Morgen, geliebter Mensch!

Wenn Du Dich heute in irgendeinem Aspekt Deines Lebens verunsichert fühlst, weil Du meinst, nicht schnell genug, nicht gut genug zu sein, wenn Dir Deine eigene Entwicklung (oder die eines anderen Menschen) nicht schnell genug vorangeht, dann mache Dir klar, dass genau das, was gerade ist, so wie es gerade ist, Deinem Lebensabenteuer entspricht. Du entwickelst Dich genau in dem Tempo, das Dir und Deiner Seele entspricht - so wie alle anderen Menschen auch. Wenn Du versuchst, Dich anzutreiben mit Gedanken oder Entscheidungen, um Deine Unsicherheit zu überwinden, hast Du bestenfalls kurzfristige scheinbare Erfolge zu dem Preis, dass Du Dir mit dem inneren Druck, den Du Dir machst, selbst wehtust. Bald spürst Du wieder den Punkt, den Du kurzfristig überwunden zu haben glaubtest.

Jede Entwicklung hat ihre Zeit!

Umarme Dich heute immer wieder selbst - jetzt (!) und irgendwann am Tag, besonders dann, wenn Du Dich verunsichert fühlst. Halte Dich liebevoll fest, streichle mit der rechten Hand Deine linke Schulter und mit der linken Hand Deine rechte Schulter. Das Überkreuzen Deiner Arme vor der Brust möge ein Symbol des Schutzes vor Deinem inneren Antreiber und ein Zeichen des Innehaltens sein. Angetrieben worden bist Du genug in Deinem Leben - von Dir selbst und anderen.

Heute beschließe, das Tempo Deiner Seele, die Zeit, die Deine Entwicklung natürlicherweise braucht, zu akzeptieren. Das, was reifen will, vollzieht sich von selbst in der dazu notwendigen Zeit. Jeder Versuch, es zu beschleunigen, bewirkt genau das Gegenteil. Vertraue dem sich selbst vollziehenden Prozess, den Dein höheres Selbst Dir so sanft und mühelos gestaltet, wie Du es zulässt.

Dabei kannst Du Dir liebevoll sagen: „Ich habe mit mir selbst Geduld."

Einen friedvollen Tag wünscht Dir, geliebtes Wesen,
Dein Engel der Geduld

Affirmationen

Ich bin geduldig mit mir
und den Menschen in meinem Leben.

Von Tag zu Tag wächst meine Geduld.

Ich akzeptiere die Zeit,
die ich für meine Entwicklung brauche.

Ich akzeptiere die Zeit,
die alles im Leben für seine Entwicklung braucht.

Abend - Gedanken

Guten Abend, lieber Mensch!
Konntest Du heute mit Dir selbst geduldig sein?
Haben andere Menschen Deine Geduld gebraucht?
Hast Du heute eine Haltung von Geduld oder Ungeduld anderer Menschen Dir gegenüber gespürt?
Denke wieder daran, ihre Haltung zu Dir ist ein Spiegel, wie Du selbst zu Dir bist.
Vor dem Einschlafen kannst Du Dich noch einmal selbst umarmen und Dir liebevoll zusichern: „Ich habe mit mir selbst Geduld."

Eine erholsame, ruhige Nacht, geliebtes Wesen, wünscht Dir
Dein Engel der Geduld

21. Tag

Heute begrüßt Dich der

Engel der Hingabe

Dieser liebevolle, weiche Engel kommt jetzt mit seiner weitstrahlenden regenbogenfarbigen Aura auf Dich zu und erklärt Dir sein Geheimnis:

„Sei gegrüßt in Liebe, verehrtes Menschen-Wesen.

Darf ich Dir etwas über das Glück erzählen, das tiefe Hingabe bewirkt?

Das Geheimnis des Glücks beruht auf der absoluten Akzeptanz dessen was ist. Das Leben ist so, wie Du es zu Deinem nächsten Entwicklungsschritt in noch mehr Frieden und Liebe brauchst. Sag „ja" zu dem, was ist! Beende jeglichen Kampf und geh mit dem Fluss der Dinge. Gib Dich dem Leben hin. Es ist Dein Freund! Je mehr Vertrauen Du ihm entgegenbringst, umso mehr kann und wird es sich Dir als Freund erweisen.

Leben ist Veränderung und jede Veränderung dient Dir - sei sicher!

Und wenn es Dir zuweilen schwerfällt, mit allem was ist in Frieden zu sein, dann bitte mich um Hilfe. Ich lege Dir meine Lichthände auf die Schultern und sage Dir sanft:

Sei jetzt einfach still. Ich helfe Dir doch. Es gibt nichts zu fürchten und nichts zu erkämpfen. Lass alles krampfhafte Wollen los, leg es in die Hände Deines höheren Selbst - was auch immer es sei. Traust Du ihm zu, dass es alles zu Deinem höchsten Wohl lösen wird? Ich sage Dir: Du kannst Dir dessen ganz sicher sein!

Oftmals liegt die Lösung einfach im Akzeptieren dessen, was ist. Daraus erwächst dann der nächste Schritt.

Und was der nächste empfehlenswerte Schritt ist, das spürst Du in Deinem Herzen, wenn Du ganz still wirst und Dich in die Dankbarkeit über Dein Leben hinein entspannst.

Ja, mein Liebes, entspann Dich - egal was gerade um Dich herum war oder ist. Ich helfe Dir dabei, während ich schützend und stützend hinter Dir stehe. Verlass Dich ruhigen Mutes auf mich! Gib Dich Deinem inneren göttlichen Selbst hin, so weit es Dir möglich ist.

Glaube mir, wenn Du nichts mehr krampfhaft erstrebst oder zu vermeiden versuchst, entsteht ein friedvolles, stilles Glücksgefühl in Dir, das Dir mehr gibt als das Erfüllen irgendwelcher Pläne, die Du Dir gemacht hast.. Je mehr Du Dich dem Fluss Deines Lebens, so wie es sich in jedem Moment entfaltet, hingibst, umso leichter und interessanter wird Dein Lebensgrundgefühl. Nicht Deine Lebensbedingungen sind wirklich entscheidend dafür, wie wohl Du Dich fühlst, sondern Deine innere Einstellung, wie Du das, was eben kommt, annimmst und wie Du damit umgehst. Ich, Dein Engel, helfe Dir dabei, das notwendige Vertrauen entstehen zu lassen, was Du brauchst, um Dich den manchmal schwer zu durchschauenden Wegen Deines höheren Selbst hinzugeben und Dich in allem sicher, wohlbehütet und getragen zu fühlen."

Kontrolle und Hingabe

Morgen - Gedanken

Einen strahlend schönen guten Morgen, lieber Mensch!

Wie ist es Dir heute morgen, als Du erwacht bist, gegangen? Konntest Du Dich freuen auf diesen Tag? Hast Du das Leben als Deinen Freund begrüßt - voll Neugier auf die vielfältigen Erfahrungsmöglichkeiten, die es Dir heute schenken mag? Bist Du mit einem frohen oder eher einem trüben Grundgefühl erwacht?

Ich möchte Dir an dieser Stelle gern etwas sagen, das Dir helfen kann, jeden Morgen mit einem hellen, frohen Gefühl zu begrüßen.

Die Voraussetzung dafür ist, dass Du Dir klar machst, dass Du nach jeder Nacht quasi neu geboren wirst. In jeder Nacht geschieht etwas in Dir, was sich Deiner bewussten Kontrolle entzieht. Du gehst mit Deiner Seele für kurze Zeit in ihre Welt und erlebst dort Dinge, die Du als Bereicherung und Erweiterung Deiner Persönlichkeit mitnimmst in den nächsten neuen Morgen hinein. Durch diese neuen Impulse, die Du nachts erhältst, bist Du jeden Morgen „neu" und kannst den kommenden Tag als offenes Buch, als Abenteuer vor Dir liegen sehen. Du bist nicht der gleiche Mensch wie gestern und wirst nicht die gleichen Erfahrungen anziehen.

Wie stehst Du zu Deinem neuen, vor Dir liegenden Tag? Glaubst Du schon in etwa zu wissen, was er Dir bringt? Ist Dein Grundgefühl zu diesem Tag dadurch geprägt, dass Du morgens in Gedanken vor Dir ablaufen lässt, was „ansteht" für heute - und je nachdem ob Dir das mehr oder weniger gefällt, Du Deine Stimmung danach richtest?

Nun, ich sage Dir, Du kannst jetzt noch nicht wissen, welche Gefühle Du heute beim Durchleben Deiner geplanten und auch ungeplanten Aktionen haben wirst. Alles ist möglich! Und es ist ziemlich unabhängig von dem, was Du bereits von diesem Tag weißt - oder zu wissen meinst. Viel mehr als Du glaubst, entzieht sich Deiner bewussten Kontrolle. Auch wenn es schon viele feststehende Dinge gibt (z.B. Arbeit, Termine, Besuch, Haushaltspflichten ...), entzieht es sich Deinem Wissen, wie sich all das abspielen wird.

Es ist eine unendliche Fülle von Möglichkeiten, mit denen das Leben Dich täglich überraschen kann. Jede Begegnung, jedes Telefonat, jeder Blick in andere Augen sowie auch jeder Blick in Dich selbst hinein bietet neue, oft unerwartete Impulse. Und je mehr Du dem Leben vertraust, umso mehr kannst Du diese Impulse als Bereicherung erfahren.

Lade uns, die Engel, ein mit Dir durch diesen Tag zu gehen und sei neugierig wie ein Kind, welche Geschenke wir heute für Dich bereithalten. In der Bereitschaft, Dich all dem Unplanbaren hinzugeben und darauf zu vertrauen, dass es mit unserer Hilfe Deinem höchsten Wohl dient, liegt die Kraft, die Du Dir manchmal bewusst oder heimlich wünschst: Die Kraft, das Leben als Mysterium, als Abenteuer zu sehen, das sich Dir prickelnd, lebendig, unfassbar in seiner Vielfalt, jeden Tag in seiner unvorhersehbaren Macht offenbart.

Deine Kraft, Dein frohes, gutes Gefühl erhältst Du dadurch, dass Du die Impulse, die es Dir bietet, aufnimmst, annimmst und das Beste daraus machst.

Betrachte das Leben an diesem (wie an jedem) Tag als Deinen Partner, Deine Geliebte, Deinen Freund, Deine liebevolle Lehrerin, Deinen Meister - nur dann kann es Dir die für Dich genau richtigen, sorgfältig ausgewählten Möglichkeiten schicken, um Dich in Deiner Einzigartigkeit zu entfalten.

Als Schlüssel, der Dir die Tür öffnet, zu Hingabe, Freude und Leichtigkeit gebe ich Dir die Empfehlung, Dir immer wieder folgende Frage zu stellen:

Was würde ich denken, was würde ich tun,
wenn ich total vertrauen könnte?

Spiele mit Deiner Antwort. Tue so, als ob ... Du es könntest.

Und das Wunderbare am Spiel ist ... es wird wahr!

Du kannst im Spiel Gefühle fühlen, die Du dann in Dir trägst.

Also: Was würdest Du heute über die Angelegenheiten Deines Tages denken, wenn Du ganz und gar vertrauen könntest?

Bitte Dein höheres Selbst Dir zu helfen, Deine Angelegenheiten dieser Antwort entsprechend zu gestalten.

Ich helfe Dir dabei, das notwendige Vertrauen zu entfalten, um Dich den Antworten Deines Herzens hingeben zu können und ihnen zu folgen.

Ermutigende Grüße aus dem Reiche des Lichts schickt Dir
Dein Engel der Hingabe

Affirmationen

Ich bin zunehmend bereit,
mich meinem Seelenweg hinzugeben,
der sich in meinem Herzen
und in den Zufälligkeiten des Lebens zeigt.

Mein Leben ist voll Hingabe und Freude.

Ich betrachte mein Leben als Mysterium,
das sich mir liebevoll offenbart.

Ich bin
eine hingebungsvolle Frau /

ein hingebungsvoller Mann
und lasse mich tief ein auf die vielfältigen Erfahrungen,
die das Leben mir schenkt.

Mit der ganzen Hingabe meines Herzens
begrüße ich auch Unerwartetes,
das in meinen Tag kommt.

Ich gebe mich meinem inneren Selbst hin
und bin wie ich bin.

Abend - Gedanken

Guten Abend, liebes Wesen!

Ja, komm zur Ruhe jetzt, es ist Zeit Dich zu entspannen. Ich, Dein Engel der Hingabe, werde Dir nun bald helfen Dich Deinem Schlaf hinzugeben.

Zuvor aber einige Fragen:

- Wie sehr konntest Du dem Leben heute vertrauen?
- Welche Erfahrungen der Hingabe (Gott, sich selbst, seinen Gefühlen, einer Tätigkeit, in der Beziehung mit einem anderen Menschen?) hast Du Dir heute erlaubt zu machen?
- Konntest Du mit ganzer Aufmerksamkeit, mit voller Hingabe bei bestimmten Tätigkeiten (welche auch immer) sein?
- Gab es Momente, in denen Du ohne irgendetwas zu tun, einfach mit Dir, in Dir sein konntest, um Dich Deiner Seele, Dir selbst hinzugeben?
- Gab es Unerwartetes, nicht Eingeplantes, das Dir die Chance bot, es mit Hingabe zu begrüßen?

Gleichgültig, wie Du diese Fragen jetzt beantworten kannst, gib Dich dem hin, was ist und was war. Sag Dir: „Ja, so war es, und so nehme ich es an. An diesem Punkt stehe ich jetzt."

Und wenn Du magst, nimm den Satz mit in die Nacht: „ Die Bereitschaft mich hinzugeben wächst über Nacht."

Vielleicht auch: „Mein Vertrauen wächst über Nacht", und dann lass Dich in den Schlaf sinken. Du kannst Dir vorstellen, dass Dein Kopf in meinem Schoß liegt (Und mit dem Gedanken daran, wird es so sein!). Ich streichle Dir ganz sanft übers Haar, immer und immer wieder bis Du eingeschlafen bist. Magst Du Dich meiner behutsamen Zärtlichkeit und Liebe hingeben?

Ich geleite Dich durch die Nacht, begleite Dich durch Deine Träume und helfe Dir, Dich tief zu entspannen.

Schlafe Du nun gut, geliebter Mensch, und erlaube Dir ruhig Dich dem Mysterium dieser Nacht vertrauensvoll hinzugeben. Du bist sicher und geborgen.

Eine ruhige, stärkende Nachtruhe wünscht Dir
Dein Engel der Hingabe

22. Tag

Heute segnet Dich Dein höheres Selbst mit dem

Engel der Gnade

Er ist ein sehr großer, machtvoller Engel, der Dich jetzt mit seiner Liebe sanft umfangen hält. Seine lichtvolle Macht drückt sich auch in seiner Stimme aus. Gerade sagt er zu Dir:

„Sei gegrüßt, geliebter Mensch! Du sollst wissen, ich bin stets bei Dir in tiefem Mitgefühl und voller Freude über Deinen Mut, Dich in die menschlichen Begrenzungen (die das Leben in einem menschlichen Körper mit sich bringt) begeben zu haben, Dir die Unvollkommenheiten des Menschseins zuzumuten, um so intensiver fühlen zu können.

Du bist in Deinem Mensch-Sein wundervoll - egal für wie stark oder schwach Du Dich selbst hältst. Je verletzlicher und unsicherer Du Dich fühlst, umso stärker bist Du in Deinem Mut, Dein Mensch-Sein total zu erleben. Unvollkommenheit ist eine menschliche Grunderfahrung. Gnade kannst Du nur dann erleben, wenn Du Dich zuweilen schwach, klein oder unsicher fühlst. Etwas Starkes, Schönes, Vollkommenes zu lieben ist keine Gnade. Es ist Anerkennung. Gnade wird erst fühlbar durch die bedingungslose Annahme des Unvollkommenen.

Wie stark ist die Erfahrung, trotz vermeintlicher Fehler und Unebenheiten geliebt und angenommen zu sein!

Diese Erfahrung schenke ich Dir, geliebtes Wesen, jeden Tag aufs Neue. Es mag sein, dass ich Dir Menschen schicke, die Dir unverdienterweise Geschenke der Liebe bringen (ein gutes Wort, Ermutigung zur rechten Zeit, ein Lächeln etc), es mag sein, dass ich erleichternde

Zufälle für Dich kreiere oder dass ich Dir den Hauch meiner Gnade durch ein unerwartetes Friedensgefühl zuteil werden lasse.

Ich, der Engel der Gnade, wirke in Deinem Geist sowie auch in Deinem irdischen Erleben. Das Einzige, was notwendig ist, um mein Wirken zu erkennen, ist Deine Bereitschaft Gnade zuzulassen.

Sei gnädig mit Dir, liebe Dich gerade in schweren Stunden. Ich helfe Dir dabei. In dem Maße, wie Du gnädig mit Dir bist, kannst Du es auch mit anderen Menschen sein.

Hast Du selbst schon erlebt, wie wunderbar es sich anfühlt, einfach Liebe zu schenken - bedingungslos, unverdient, von anderen völlig unerwartet?

Ich empfehle Dir: Probier es einfach aus! Reiche ihnen Deine Hand, auch wenn sie sich nicht so verhalten haben, wie sie es vielleicht hätten tun sollen. Schenke ihnen ein gutes Wort, besonders dann, wenn sie „Fehler" gemacht haben. Lass sie Deine Annahme fühlen, wenn sie sich selbst klein und wertlos fühlen. Damit lebst Du Deine göttliche Kraft.

Und wenn Du fragst: Warum sollte ich das tun?, sage ich Dir: Einfach deshalb, weil es sich herrlich anfühlt. So spürst Du Deine liebende Macht, Deine gütige Größe, Deine göttliche Würde.

Gnade ist bedingungslos. Ich liebe Dich bedingungslos und sage Dir: Wenn Du selbst so bedingungslos, wie Du es als Mensch eben vermagst, Wärme, Wertschätzung und Annahme verbreitest, fühlst Du Dich frei, reich und voller Liebe.

Es lohnt sich, den Weg der Gnade zu gehen. Deshalb gebe ich Dir für heute und alle Tage den folgenden Kraftsatz:

Ich bin ein lebendiger Ausdruck göttlicher Gnade.
Göttliche Gnade wird mir zuteil.

Unvollkommenheit und Gnade

Morgen - Gedanken

Guten Morgen, lieber Mensch!

So viel hast Du inzwischen erkannt und verinnerlicht - und dennoch fühlst Du Dich zuweilen wie ein Spielball Deiner alten Muster und Emotionen - unvollkommen und unzulänglich - manchmal fast als wäre Dir der Boden unter den Füßen abhanden gekommen.

Für diese Momente, in denen Du Dich leer, kraftlos, genervt, schuldig, wütend, einsam, traurig und dergleichen mehr fühlst, bin ich da. Ich helfe Dir, dass Du die Verbindung zu Dir selbst wiederfindest. Ich schenke Dir dann, wenn Du den Beistand aus unserer Ebene des Geistes und des Lichts vergisst oder gar nicht mehr um Hilfe bitten kannst, deutliche Zeichen unserer liebenden Gegenwart und führe Dich sanft zurück in das Bewusstsein der Liebe.

Ich schenke Dir in den Momenten, in denen Du Dich klein und unwürdig fühlst, Gedanken, Situationen, Worte und Menschen, die Dich in Deiner Schwäche annehmen und Dir auch ohne Dein Zutun Liebe, Wärme und Wertschätzung schenken.

Ich bin mit meiner Liebe besonders dann bei Dir, wenn Du glaubst, sie gar nicht verdient zu haben. Wenn Du Dich wertlos, unvollkommen und schuldig fühlst, dann bin ich mit meiner wortlosen Gnade liebender Annahme bei Dir und umarme Dich mit meinem Licht.

Es gab schon einige solcher Momente in Deinem Leben - Momente einer unfassbaren Gnade - erinnerst Du Dich?

Plötzlich war da ein Mensch, der Dir in unerwartet liebevoller Weise zur Seite stand ... Plötzlich fiel Dir in einem Buch ein Satz zu, der Dir half, Dich wieder zu erinnern, wie anders Du alles sehen kannst ... Plötzlich senkte sich, in einem großen Schmerz ein Gefühl des Friedens über Dich, und Du fühltest neue Zuversicht, ohne dass Du hättest sagen können, woher das kam - so mitten in Deinem Chaos.

Diese unerwarteten Geschenke haben Dich wieder in Verbindung mit Deinem Herzen gebracht. Nicht durch irgendwelche Taten erworben, sondern völlig unverdient, im Nebel Deiner Verwirrung wurde Dir Liebe geschenkt.

Das war göttliche Gnade, die Dir zuteil wurde. Für diese Geschenke verlange ich nichts, gar nichts. Ich will Dir hiermit nur die Idee zufließen lassen, bereit zu sein, die Gnade weiterzuschenken an andere Menschen, die sie gerade brauchen.

Und so lade ich Dich ein, Dich führen zu lassen als Bote der Gnade mitten in Eurem alltäglichen Leben. Sei sicher, lieber Mensch, ich schenke Dir weitere Momente der Gnade, wann immer Du sie brauchst.

Gnade ist die höchste Ausdrucksform der Liebe: unvermittelt, bedingungslos.

Für die Momente und Zusammenhänge, in denen es Dir schwerfällt mit Deiner eigenen Unvollkommenheit Frieden zu schließen und gnadenvoll mit Dir zu sein, sage ich Dir Folgendes:

GNADE erfährst Du dann, wenn Du kompromisslos anerkennst, dass **LIEBE** die stärkste **MACHT** ist. Es gibt nichts, was die Liebe nicht vermag. Solange Du an der Vorstellung festhältst, dass es irgendetwas gibt (z.B. Gerechtigkeit), das mehr Gewicht hat als das, was die Liebe will, bist Du nicht vollkommen frei.

Wenn Du Dich mit irgendeiner Schuld herumquälst, frage Dich: Was will die Liebe? Ist es in ihrem Sinne, dass ich an dem Gefühl der Schuld leide?

Frage die Liebe, schau in Dein Herz, frage den ewigen schöpferischen Geist - den **ALL - EINEN**:

Ist es in Deinem Sinne, dass ich mich mit was auch immer, stetig weiter belaste?

Ist mein Schmerz über meine Verfehlung und über meine Unvollkommenheit im Sinne der Liebe?

Und in diesem Moment öffnet sich in Dir ein Tor, ein Lächeln breitet sich aus und Du erkennst den Un-Sinn Deiner Qual.

Solange Dich noch ein Gedanke der Schuld drückt, glaubst Du, dass es etwas gibt, das die Liebe nicht aufzulösen vermag.

„Willst Du weiter daran festhalten, dass Lieblosigkeit und ihre Geschwister wie Anklage Schuld und Schmerz stärker sind als ich?“, so fragt Dich die Liebe. „Oder willst Du mich als die stärkste Macht des Lebendigen **ALL - EINEN** anerkennen? Wenn Du das tust, lege alles, was nicht in meinem Sinne ist, jegliche Art von Schuld, Schmerz, Angst und Scham, Unzulänglichkeiten und Unvollkommenheiten in meine Hände und sieh, wie sie sich auflösen, denn es gibt nichts, was ich nicht zu heilen vermag. Bitte mich, und ich werde Dir geben, was Du so sehr brauchst.

Nur eine Frage soll die wichtigste in Deinem Leben sein: Ist das im Sinne der Liebe?“

Ich, Dein Gnaden-Engel, lade Dich heute dazu ein, mit dieser Frage durch den Tag zu gehen und Deine Aufmerksamkeit darauf zu richten, mit Dir selbst und anderen gnädig zu sein.

Wisse: So liebevoll und gnädig wie Du es Dir nur irgend vorstellen kannst ist das Leben zu Dir.

In tiefer bedingungsloser Liebe grüßt Dich
Dein Engel der Gnade

Affirmationen

Ich bin ein lebendiger Ausdruck göttlicher Gnade -
göttliche Gnade wird mir zuteil.

Ich bin verwurzelt in Gnade,
getragen von Gnade,
erlöst durch Gnade.

Ich bin gnädig mit mir,
immer wieder neu.

In mir ist ein Raum tiefer Gnade,
hier finde ich Frieden.

Mehr und mehr sehe ich
meine Unvollkommenheiten
und die der anderen
durch die Augen der Gnade.

Ich öffne mir die Tür der Gnade -
jetzt und jeden Tag,
indem ich sie einfach annehme.

Abend - Gedanken

Guten Abend, lieber Mensch!
Magst Du diesen Tag damit beschließen, Dich in meinen Armen auszuruhen?
Lass Dich behutsam umfangen von meinem Licht der Gnade, in dem alle potentiellen Unzulänglichkeiten dahinschmelzen wie Eis in der Sonne.

Gibt es irgendetwas an diesem Tag, was unserer Gnade bedarf?

Inwieweit konntest Du mit Dir und vielleicht auch mit anderen Menschen heute gnädig sein?

Hast Du im Miteinander mit Deinen Mitmenschen heute einen Hauch von Gnade entdecken können?

Erlaube Dir nun, Dein Bewusstsein weit zu öffnen für die Gnade der bedingungslosen Annahme all dessen was ist, die ich Dir jetzt schenken will ...

Dazu gehören auch die Momente, in denen Du nicht gnädig sein konntest. Gib einfach alles, was Dich bewegt, an mich ab, überlass mir die Reinigung und Erhellung Deiner Gedanken und Deines Gemüts. Wenn Du es willst, lass Dich von mir auch heute Nacht stärken, Deine Bereitschaft, Gnade anzunehmen und Gnade zu erweisen, zu vertiefen.

Komm mit mir ins Land der Gnade - es ist ein herrlicher Ort oder besser ein herrlicher Zustand tief in Deinem Innern. Das Land der Gnade ist der Himmel auf Erden. Du findest es im Zentrum Deines Herzens. Ich bin es, der Dich dort hinführt - und ich bin es, der Dich dort erwartet. Ich bin eins mit dem Engel der Liebe - die höchste Ausdrucksform Deines Seins. WIR sind ein Teil von Dir, Du bist ein Teil von uns. Lass uns jetzt im Kontinent des Schlafes, der eigentlich ein Erwachen in eine andere Ebene ist, das friedvolle Sein im Land der Gnade feiern - bewusst oder unbewusst, erinnerbar oder nicht ...

Wenn Du mir Dein Bewusstsein direkt vor dem Einschlafen anvertraust, segeln wir gemeinsam hinüber ins Land der Gnade.

Eine heilsame Nachtruhe wünscht Dir, geliebter Mensch,
Dein Engel der Gnade

23. Tag

Heute sendet Dir Dein höheres Selbst den

Engel der Zuwendung

Er ist den ganzen Tag mit seiner freundlichen, warmherzigen Energie bei Dir und sorgt dafür, dass Du Dich auch Dir selbst liebevoll zuwendest, sowie vielleicht auch von anderen Menschen Zuwendung erhältst. Gerade jetzt spricht er in Dein Herz hinein:

„Geliebter Mensch, in Dir wohnt ein zartes, liebenswertes Wesen, das sich nach Deiner ganzen Liebe und Zuwendung sehnt. Sei achtsam und schenke ihm in allen Dingen, die auch zu bewerkstelligen und zu erledigen sind, Deine liebevolle Aufmerksamkeit. Lass uns gemeinsam dieses süße zarte Geschöpf in Dir mit unserer Liebe streicheln.

Ich werde Dich, wenn Du es erlaubst, heute immer wieder daran erinnern, dass Du Dich Dir selbst liebevoll zuwendest und dass Du Dich zu Dir selbst achtsam verhältst.

Möchtest Du Dein „Ja" und Dein „Nein" zu allen Fragen, die sich Dir heute stellen, wahrnehmen und achten?

Darf ich mich Dir heute zuwenden und Dich an Dein zartes, liebes Wesen in Dir erinnern?

Wollen wir es gemeinsam liebevoll durch den Tag tragen?"

Bereitschaft und Zuwendung

Morgen - Gedanken

Guten Morgen, geliebtes Wesen!

Frage Dich an diesem Tag immer mal wieder: Wozu bin ich aus meinem Herzen heraus bereit? Welchem Menschen, welcher Situation, welcher Beschäftigung möchte ich mich heute zuwenden?

Wie fühlt sich folgende Aussage für Dich an:

Hallo, Leben, hier bin ich,
bereit zu erfahren, was Du mit mir vorhast heute,
bereit, meinem Herzen zu lauschen und ihm, soweit es mir möglich ist, zu folgen,
bereit, Deine Geschenke anzunehmen,
bereit, mir den Tag so zu gestalten, dass er meiner höchsten Vision entspricht,
bereit, in allem, was geschieht, meine eigene Schöpferkraft anzuerkennen.
Hallo, geliebtes Leben, ich schenke mich Dir ganz und bin bereit,
alle Geschenke, die Du für mich hast, anzunehmen mit offenem Herzen und offenen Armen.
Durch wen und durch was schenkst Du mir heute Deine Zuwendung?

Einen Tag voll Zugewandtheit, Aufmerksamkeit und Fürsorglichkeit, die Du vor allem durch Dich selbst, vielleicht aber auch durch andere Menschen erfährst,
wünscht Dir
Dein Engel der Zuwendung

Affirmationen

Ich bin bereit, diesen Tag
in Vertrauen, Freude und Liebe zu leben.

Ich wende mich mir selbst liebevoll zu.

Ich bin bereit, die Zuwendung anderer
anzunehmen und zu genießen.

Ich bin bereit, die Geschenke dieses Tages
anzunehmen und gut zu mir zu sein.

Ich bin bereit, die Geschenke dieser Nacht
anzunehmen und mich zu entspannen.

Abend - Gedanken

Guten Abend, lieber Mensch!

Frage Dich am Ende dieses Tages:

Wie hat sich das Leben mir heute zugewendet?

Welche Art von Zuwendung wurde mir heute von anderen Menschen oder Tieren zuteil?

In welchem Maße war ich bereit Zuwendungen anzunehmen?

Wem habe ich heute in welcher Weise Zuwendung entgegengebracht?

Wie oft habe ich mich mir selbst liebevoll zugewendet?

Wenn Du magst, bedanke Dich für die Zuwendung, die Du Dir selbst entgegengebracht hast, und für die Zuwendung, die Dir andere gegeben haben, in dem Wissen, dass Dein höheres Selbst sie Dir geschickt hat.

Denke so: „Heute hat sich mir das Leben in Gestalt von Person X ...zugewendet.

Es schenkte mir ...

Ich danke Dir, Du mein geliebtes Leben!“

Mit der Bereitschaft, auch die Geschenke der Nacht vertrauensvoll anzunehmen, sinke nun in einen friedvollen Schlaf hinein.

Ich bin mit meiner ganzen Liebe bei Dir und streichle Dich mit meinem Licht in den Schlaf.

Sei innig gegrüßt von
Deinem Engel der Zuwendung

24. Tag

Heute schickt Dir Dein höheres Selbst den

Engel der Freude

Er versprüht eine prickelnde Energie von Lebenslust. In diesem Moment singt er in Dein Herz:

„Freue Dich, geliebter Mensch, das Leben ist bunt! Willst Du es an diesem Tag durch meine Augen sehen? Wo Du auch bist, Du kannst überall Freude entdecken. Ich helfe Dir, Dein Herz zu öffnen für die Freude. Mit einem offenen Herzen ist es ganz egal, wo Du bist und was Du tust, Du findest überall Geschenke, die Dir das Leben anbietet.

Fühlst Du den Sonnenstrahl - draußen oder in Deinem Herzen? Entdeckst Du die vielen Farbtupfer, die überall auf Dich warten? Kannst Du Dich an der Speise erfreuen, die Du heute zu Dir nimmst? Entdeckst Du ein Lächeln im Gesicht eines Mitmenschen - oder lockst Du gar selber ein Lächeln hervor?

Die Freude ist wie reifes Obst - es will entdeckt und gepflückt werden. Offene Augen, offene Sinne und ein offenes Herz lassen Dich viele Früchte der Freude finden.

Heute ist Erntetag! Ich helfe Dir, die Früchte der Freude heute zu pflücken. Du wirst sehen, sie schmecken himmlisch!“

Erstaunen und Freude

Morgen - Gedanken

Guten Morgen, lieber Mensch!

Wie wäre es, wenn Du aus dem heutigen Tag einen Festtag der Freude machst?

Richte Deine Aufmerksamkeit heute darauf, wie Du vor allem Dir selbst Freude bereiten kannst. Natürlich macht es auch Freude, andere zu erfreuen. Als erstes solltest Du aber Dich selbst erfreuen, denn Freude steckt an! Entdecke neben allem, was auch vielleicht schwer sein mag, die Schönheit um Dich herum. Du wirst erstaunt sein, wie viel Grund zur Freude da ist: Blumen am Wegrand, ein Sonnenstrahl, ein hübsches Bild, die liebevolle Geste eines Mitmenschen, ein lächelnder Blick ... Das Leben hält überall Quellen der Freude für Dich bereit. Bist Du bereit, wieder zu staunen wie ein Kind? Und schließlich beschenke Dich selbst ganz bewusst. Schenke Dir etwas oder schenke Dir einfach Zeit, in der Du tust, was Dir Spaß macht. Vielleicht magst Du Musik hören, malen, tanzen, singen, schwimmen, lesen, Dir Freunde einladen ... oder was Dir sonst noch Spaß macht.

Wenn Dir nichts einfällt, frage Dich: Was hat mir als Kind Spaß gemacht? Vielleicht kannst Du das als Anregung nehmen und damit alte Freuden neu entdecken.

Du kannst Dir auch selbst ein materielles Geschenk machen, indem Du Dir etwas kaufst und es Dir im Namen Deines höheren Selbstes, Deines inneren Meisters, schenkst. Er sorgt in Liebe für Dich und lässt Dir sagen, dass Freude die größte Kraftquelle ist.

Wie viel Freude gönnst Du Dir heute? Möchtest Du ein Entdecker und Vollstrecker der Freude sein?

Dass Du heute vieles findest und erschaffst, was Dein Gemüt erhellt und Dich bereichert, wünscht Dir, geliebtes Wesen,

Dein Engel der Freude

Affirmationen

Ich bin ein Mensch, der in Freude lebt.

Ich bin Entdecker und Vollstrecker von Freude.

Ich wähle Freude - sie macht mich reich.

Von Tag zu Tag ziehe ich mehr Freude in mein Leben.

Ich freue mich an dem, was ich tue.
Ich tue, was mich erfreut.

Ich freue mich an dem, was mir begegnet.
Mir begegnet, was mich erfreut.

Ich freue mich an dem, was mich umgibt.
Ich umgebe mich mit dem, was mich erfreut.

Ich freue mich an ... (z.B. meiner Arbeit, meiner Familie etc.).
... erfreut mich.

Abend - Gedanken

Guten Abend, lieber Mensch!

Mache Dir am Ende dieses Tages bewusst, wie viele kleine oder größere Freuden Du heute erlebt hast.

Welche Freude hast Du Dir selbst heute erlaubt oder geschenkt?

Hast Du Dir Zeit genommen, etwas zu tun, was Dir Freude macht?

Hast Du einem anderen Menschen Freude bereitet?

Hat Dir das Leben heute irgendeine, vielleicht auch unerwartete Freude durch einen anderen Menschen oder durch irgendein Ereignis zuteil werden lassen?

Wie viel Freude hast Du am Wegesrand und zwischendurch in Deinem Tagesgeschehen entdecken können?

Deine Freude ist Dein wahrer Reichtum! Wenn Du magst, bedanke Dich bei Dir, beim Leben, bei Gott, bei Deinem höheren Selbst für die Freuden, die Du heute erlebt hast.

Je mehr Aufmerksamkeit Du auf die Quellen Deiner Freude lenkst, umso mehr Freude wirst Du finden. Und die Freude von heute, sie wächst und wächst und wächst ...

Ich empfehle Dir, als letzten Gedanken vor dem Einschlafen den Satz in Dir zu bewegen:

„Über Nacht wachse ich in immer tiefere Freude hinein."

Dabei hilft Dir gern

Dein Engel der Freude

25. Tag

Heute gibt Dir Dein höheres Selbst den

Engel der Verbundenheit

mit auf den Weg.

Er hilft Dir mit seiner kommunikativen Energie, die Verbindung mit Deinem Herzen und mit der Herzebene anderer Menschen herzustellen oder sie zu vertiefen. In diesem Moment zwinkert er Dir zu und sagt:

„Hallo, liebes Wesen! Wenn Du willst, begleite ich Dich heute und gebe Dir sanfte Impulse, die freundschaftliche Verbundenheit mit Dir selbst und anderen bewusst zu erleben oder zu beleben, vielleicht auch wieder aufleben zu lassen.

Nimm einen tiefen Atemzug und entspanne Dich. Jetzt, wo Du an mich denkst, bist Du mit mir verbunden. In Wahrheit bist Du niemals wirklich allein. Du bist mit allem was ist in Verbindung. Die Frage ist nur, ob und wie Du diese Verbindung fühlst. Darf ich Dir helfen, Dich dabei wohlzufühlen und viele freundschaftliche Gefühle dabei zu empfinden? Wenn Du es willst, zwinkere mir zu und sage oder denke einfach „Ja".

Es könnte sein, dass Du heute ganz besonders empfindest ... Freundschaftliche Verbundenheit mit Dir und/oder anderen ist mein Geschenk an Dich. Willst Du Deine Aufmerksamkeit darauf richten?"

Offenbarung und Verbundenheit

Morgen - Gedanken

Hallo, guten Morgen, geliebter Mensch!

Wie fühlt es sich für Dich an zu erfahren, dass heute ein Tag der Offenbarung und Verbundenheit ist? Fällt es Dir leicht Dich zu offenbaren? Oder macht es Dir Angst Dich ganz offen zu zeigen?

Offenbaren in Deinen Stärken und Schwächen, in Deinen Wünschen und Ängsten kannst Du Dich zunächst einmal Dir selbst, Deinem inneren Meister gegenüber und schließlich, soweit es Dir möglich ist, auch anderen Menschen. Die Bereitschaft, Dich in Deinem Dir entsprechendem Maße zu öffnen, lässt eine enorme Verbundenheit zu Deiner Seele und zu anderen Menschen entstehen.

Vielleicht magst Du es heute einmal ausprobieren?

Möglicherweise begegnet Dir heute ein Mensch (Dein Partner, ein Freund, irgendein Mitmensch), dem Du Dich wagst zu offenbaren, etwas von Dir zu zeigen, was Du sonst verbirgst. Dein Herz wird Dir den Impuls dazu geben. Wenn Du diesen Schritt tust, beobachte, was dann in Eurem Miteinander geschieht ... Es könnte gerade ein kleines Wunder entstehen.

Vielleicht geht es aber auch erst einmal darum, Dich Dir selbst zu offenbaren, Dir Dinge einzugestehen, die Du bisher nicht sehen mochtest. Deine Schattenseiten zuzulassen und Dich darin von dem Göttlichen geliebt zu wissen und Dich selbst zu lieben in Deiner Offenbarung ist das größte Geschenk, das Du Dir machen kannst. Mit den Gedanken: „Auch das ... gehört zu mir, auch so bin ich - und bin weiterhin eingebunden in die bedingungslose göttliche Liebe. Na und - auch damit liebe ich mich und bin geliebt!" verliert alles, was Du bisher als ablehnenswert empfunden hast, seinen Schrecken. Du wirst zu Deinem großen Erstaunen entdecken, dass auch andere Dich annehmen, wenn Du Dich öffnest. Offenheit schafft Verbundenheit!

Suche heute das Verbindende zwischen Dir und anderen.

Trennendes und Verschiedenartigkeiten entdeckst Du so oft. Richte heute bewusst Deine Wahrnehmung auf das, was Euch verbindet, was Ihr gemeinsam habt. Und stelle Verbindungen her. Das geht durch Blickkontakt, durch Körperkontakt (z.B. einem Händedruck, eine Berührung am Arm oder an der Schulter ...) oder auch durch

Worte. Baue heute Brücken zwischen Dir und anderen und wage Dich auf Deine Brücke, so weit es Dir möglich ist, vor, indem Du Dich offenbarst in Deinem ureigenen So-Sein.

Wenn Du magst, reiche Dir jetzt bewusst Deine Hand. Schaffe durch einen langen, erst behutsamen, dann angenehm festen Händedruck eine Verbindung zwischen Deiner linken und Deiner rechten Hand. Möge dies ein Symbol der freundschaftlichen Verbundenheit sein zwischen

- Deinem Gefühl und Deinem Verstand
- Deinen weiblichen und Deinen männlichen Anteilen
- Deinem inneren Kind und Deinem inneren Erwachsenen
- Deinem Unterbewusstsein und Deinem Bewusstsein
- Deinem Ego (dem „kleinen Ich“) und Deinem höheren Selbst
- Deinen Schwächen und Deinen Stärken.

Lass diesen Händedruck ganz innig sein und die Freundschaft mit Dir selbst und Deinem Leben besiegeln. Dies ist eine sehr kraftvolle Geste, die tief in Dein Unterbewusstsein hineinwirkt und Dich von nun an bei jedem Händedruck an „Freundschaft mit Deinem Leben“ erinnert.

Wenn Du heute einem Menschen die Hand gibst oder ihn in irgendeiner anderen Weise berührst (mit Worten, mit einem Blick oder einer Umarmung ...) dann lass das eine ganz bewusste Handlung der Verbundenheit sein, öffne Dein Herz und nimm dann wahr, wie sich Euer Miteinander gestaltet und anfühlt.

Es grüßt Dich Dein Freund aus dem Reich des Lichts, das immer mit Euch in Verbindung ist,
Dein Engel der Verbundenheit

Affirmationen

Ich bin in Verbindung mit meinem Herzen,
meiner Seele, meiner Göttlichkeit.

Ich bin in Verbindung mit allen Zellen
meines wunderbaren Körpers.

In Verbundenheit mit allem, was ist,
bin ich ein einzigartiges Puzzleteil,
das genau an der richtigen Stelle ist.

Vertrauensvoll offenbare ich mich
und genieße die Verbundenheit,
die dadurch entsteht.

Abend - Gedanken

Guten Abend, geliebter Mensch!

Gab es an diesem Tag Momente, in denen Du Dich in irgendeiner Weise verbunden fühltest mit einem anderen Menschen?

Wenn Du magst, bedanke Dich jetzt dafür.

Hattest Du die Gelegenheit, Dich jemandem anzuvertrauen, Dich in einem vielleicht bisher verborgenen Aspekt Deines Seins jemandem zu offenbaren?

Jetzt kannst Du den Augenblick nutzen, Dich Deinem höheren Selbst, Deinem inneren Meister zu offenbaren und ihm alles anzuvertrauen, was Dich bewegt. Deine Sehnsüchte, Deine Wünsche, Deine Ängste, das, was Du an Dir magst und das, was Du vielleicht noch ablehnst ... Sag ihm alles, und wisse, dass Du von ihm bedingungslos geliebt bist.

Als Zeichen dieser Verbundenheit reiche Dir vor dem Einschlafen noch einmal ganz bewusst und innig die Hände. Mit diesem freundschaftlichen Händedruck bekräftigst Du die Liebe zu Dir selbst.

Eine gute Nacht wünscht Dir, geliebtes Wesen des Himmels und der Erde,
Dein Engel der Verbundenheit

26. Tag

Heute schickt Dir Dein höheres Selbst den

Engel der Einheit

Seine verbindende Energie hilft Dir, die immer mal wieder aufflammenden Gefühle von Angst und Einsamkeit aufzulösen. In diesem Moment lädt er Dich ein, Dich in die Hängematte seiner Liebe hineinzukuscheln. Darin wiegt er Dich sanft in das Erkennen Deiner Unbegrenztheit hinein und sagt Dir dabei:

„Liebes Wesen, ich will Dir helfen, die Illusion Deines Getrenntseins aufzulösen. Jede Beziehung, die nur mit einem Fünkchen Wärme aus Eurem Herzen beseelt ist, wie z.B. Freundschaft, Geschwisterlichkeit, Mitgefühl, Hilfsbereitschaft, Annahme, Respekt, Anerkennung, Mütterlichkeit, Väterlichkeit, freundliches Miteinander und natürlich auch Zärtlichkeit und Erotik webt einen Lichtfaden von Deinem Herzen zu dem eines anderen Menschen. Und egal, wie kurz oder lang diese Beziehung auf irdischer Ebene gepflegt wird, die Lichtfäden bestehen weiter - ohne zu binden!

Es sind vorhandene energetische Lichtenergien, die im Laufe der Inkarnationen immer weiter wachsen, sich kreuzen, sich verbinden und am Teppich der Liebe weben. Ohne dass es Dir immer bewusst ist, bist Du eingebettet in ein gigantisches Netz aus Liebe. Meine Hängematte ist auch aus diesem Stoff gewebt.

Darf ich Dich einladen, Dich immer wieder in sie hineinzukuscheln und damit in das Gefühl der Verbundenheit hineinzuschweben? Bist

Du bereit, wieder einzutauchen in Dein Bewusstsein der Einheit allen Seins? Ich helfe Dir dabei!“

Erkennen und Einheit

Morgen - Gedanken

Guten Morgen, lieber Mensch!

So wie sich Deine Finger getrennt voneinander bewegen können und doch zu einer Hand gehören, wie die Hand zu Deinem Arm und der Arm zu Deinem Körper gehört, so gehören auch Dein Körper und Deine Seele zusammen und machen Dich als ganzes Wesen aus - ein Wesen, das zur Mutter Erde gehört, so wie viele, viele andere Wesen auch. Alles ist sichtbar oder unsichtbar miteinander verbunden, alles ist eins. So wie Deine rechte Hand Deine linke Hand streicheln oder verletzen kann und Du davon immer betroffen bist, so bist Du auch davon berührt, wenn ein Mensch einem anderen etwas zufügt, im Positiven wie im Negativen. Alles gehört zusammen und beeinflusst sich gegenseitig. Wenn Du das erkannt hast, fühlst Du das Bedürfnis, mit Dir selbst und allen anderen liebevoll umzugehen, weil sich alles gegenseitig bedingt.

Wenn Du in Einheit denkst, fühlst Du Liebe. Wenn Du in Trennung denkst, fühlst Du Angst.

Wie wäre es, wenn Du für Dich diesen Tag heute zum Tag der Einheit erklärst?

Schaffe Lichtbrücken zu möglichst vielen Menschen, die Dir heute begegnen. Du kannst das göttliche Licht, das Dich stets durchfließt, aus Deinen Augen strahlen lassen und Deinem Gegenüber einen Strahl der Liebe, des Mitgefühls, des Lichts, das alles verbindet, schicken. Du kannst Menschen, Tiere, Räume aus Deinen Augen heraus mit Licht bestrahlen, und Du wirst Dich mit allen leichter verbunden fühlen.

Vielleicht siehst Du auch bald das Licht, das Göttliche in ihnen. Es ist ja nur hinter mehr oder weniger dicken Fassaden verborgen. Da ist es, in jedem! Wenn Du in diesem Bewusstsein den Anderen betrachtest, wenn Du in ihm das göttliche Licht grüßt, das er selbst vielleicht noch nicht einmal entdeckt hat, erhöhst Du die vorhandene Schwingung für alle Beteiligten und schaffst eine liebevolle Atmosphäre.

Sende Licht aus Deinen Augen, und bleibe im Bewusstsein der Verbundenheit, im Wissen, dass alle einen Funken dieses göttlichen Lichts in sich tragen. Solange einer die Wahrheit des Lichts der Einheit bewahrt, wird sich diese Wahrheit mehr und mehr fühlbar ausbreiten.

Sei Du nun innig umarmt vom
Engel der Einheit

Affirmationen

Ich bin ein Wesen des Lichts und bin eins mit allen anderen.

Ich komme aus der Einheit, lebe in der Einheit
und fühle die Einheit mehr und mehr.

Ich bin ein Lichtstrahl aus der Einheit allen Seins
und mache interessante Erfahrungen in meinem
menschlichen Körper.

Das Sein in der Einheit ist meine tiefste Wahrheit -
Ich fühle: Alles ist eins, jenseits der Welt
des physischen Scheins.

Abend - Gedanken

Guten Abend, liebes Wesen!

Nun, wie war Dein Tag der Einheit? Hast Du heute irgendwann daran gedacht, das göttliche Licht aus Deinen Augen strahlen zu lassen und Dein Gegenüber damit in einen Strahl Deiner Liebe einzuhüllen?

Wenn ja, wie hast Du Dich dabei gefühlt? Hast Du an das allen innewohnende, alles verbindende Licht gedacht?

Wenn Du magst, schließe nun Deine Augen, entspanne Dich und stell Dir vor, wie Dein göttlicher Meister Dir gegenüber sitzt und aus seinen Augen die reine göttliche Liebe strahlt - ein absolut annehmender, verständnisvoller Blick. Er hüllt Dich ein in seine Liebe - und Dir wird dabei ganz warm ums Herz. Mit dieser Vorstellung kuschle Dich nun in Dein Bett und lasse Dich in den Schlaf hinübergleiten - bestrahlt von seinem liebenden Licht. Ich wünsche Dir Träume der Liebe.

In tiefer Verbundenheit mit Deinem Herzen trage ich,
der Engel der Einheit, Dich in eine gute Nacht.

27. Tag

Heute gibt Dir Dein höheres Selbst den

Engel der Ruhe

mit auf den Weg.

Seine sanfte, klare Energie hilft Dir den Frieden in Dir zu vertiefen oder ihn wiederzufinden, wenn Du Dich in Hektik oder Stress befindest. Jetzt gerade legt er seinen Flügel um Deine Schulter und sagt lächelnd zu Dir:

„Hallo, liebes Wesen! Wie wäre es, wenn Du jetzt einmal alles beiseite legst und Dich auf die Ruhe Deines Herzens einstimmst? Das, was geplant, getan, erledigt oder bedacht werden will, läuft Dir nicht weg - und ich verspreche Dir, dass Du es aus einem Gefühl innerer Ruhe heraus leichter und sogar effizienter erledigen kannst. Magst Du es jetzt einmal ausprobieren, wie wohltuend und kraftspendend eine kurze Zeit der Ruhe ist?

Wenn ja, schließe Deine Augen, ich helfe Dir zur Ruhe zu kommen. Meine Lichthände verströmen eine beruhigende friedvolle Kraft. Ich bin jetzt an Deiner Seite und lege eine Hand sanft auf Deine Stirn, und mit der anderen Hand halte ich Deinen Hinterkopf, ziemlich weit unten am Nacken. Du wirst gleich spüren, wie Deine Gedanken langsam zur Ruhe kommen. Vielleicht nimmst Du einen tiefen Atemzug und atmest alles Belastende, alles, was Unruhe erzeugt, einfach aus - ähnlich wie ein tiefer Seufzer kann sich das anfühlen und dann genieße einfach die Ruhe dieses Augenblicks. Wenn Dein

Gedankenkarussel vielleicht auch nicht ganz stillsteht - es wird langsamer, und schon das ist wohltuend.

Ich sage Dir jetzt etwas: Der meiste Stress entsteht nicht durch das, was zu tun ist, sondern durch die Permanenz der Gedanken, die sich bei einer zu verrichtenden Tätigkeit schon mit mehreren anderen Dingen, die noch vor Dir liegen, beschäftigen. Lass das, was danach kommt, los, und bleibe mit Deiner Aufmerksamkeit in diesem Moment.

Spürst Du meine Lichthände? Tauche ganz ein in diesen Augenblick und mache dazu eine kurze Lesepause.

So, und nun gehe hinein in diesen Tag mit seinen vielfältigen Angeboten. Tue das, was Du als nächstes tust, mit ganzem Herzen, und behalte Deine Aufmerksamkeit nur in diesem Moment.

So erlebe Augenblick für Augenblick - so wie eine Perlenkette - die Vielfalt sich aneinanderreihender in sich runder, echter Momente. Auf diese Weise wirst Du in Kraft und Ruhe durch Deinen Tag gehen und dabei viele reiche Augenblicke erleben.

Nun, wie ist's , darf ich Dir meine Kraft der Ruhe schenken?

Mein Lied lautet:

In der Ruhe liegt die Kraft,
mit der man es viel besser schafft.
Denn die Hektik schadet nur,
hilft Dir selbst nicht eine Spur!

Hast Du Lust, es gemeinsam mit mir zu singen - vielleicht nach Deiner eigenen Melodie?“

Erwartung und Ruhe

Morgen - Gedanken

Guten Morgen, liebes Wesen!

Nun sage mir, welche Erwartungen hast Du für diesen Tag?

Am besten erwartest Du gar nichts, denn jede Erwartung birgt das Risiko der Bewertung in sich. Es ist jedoch oftmals für das menschliche

Sein nahezu unmöglich, keine Erwartungen zu haben und sich dem Fluss des Lebens total hinzugeben in dem Wissen: Alles ist in Ordnung so wie es ist!. Es gelingt in bestimmten Sternstunden - und ich wünsche Dir, dass diese mehr und mehr werden.

Wenn nun aber Erwartungen, Gedanken, Vorstellungen da sind, dann mache Dir bewusst, welcher Art diese sind. Erwartungen haben nämlich magische Kräfte. Sie ziehen oftmals das an, was ihnen entspricht - es sei denn, dass die bewussten Erwartungen von unbewussten entgegengesetzten gefühlsmäßig starken Überzeugungen überlagert sind. Wie immer wirkt die Summe aller in Deinem System vorhandener Gedanken und Gefühle schöpferisch. Deshalb wähle zumindestens das, was Deinem bewussten Einfluss unterliegt, weise.

Welche Erwartungen willst Du erfüllt haben?

Erwarte das, was Dir zum höchsten Wohl verhilft. Wenn Du Dich dabei ertappst, Befürchtungen zu erwarten, dann denke neu - füge noch einen weiteren Gedanken hinzu, der Gutes, Angenehmes erwartet. Du weißt ja, liebevolle Gedanken haben die weitaus größere Kraft und überstrahlen alles, was mit Angst zu tun hat.

Frage Dich also am Morgen eines Tages: Was will ich erwarten?

Je mehr Du Dich der Führung Deiner Seele hingeben kannst, umso weniger konkret werden Deine Gedanken sein. Anstatt z.B. zu hoffen: „Ich erwarte, dass Person X mir ... gibt," rate ich Dir Gedanken wie: „Ich erwarte heute Freude und eine gute, neue Einsicht" oder „Ich erwarte eine angenehme Überraschung und ein gutes gefühlsmäßiges Klima in der Situation X."

Dann ist es gut, alle Gedanken, Erwartungen, Wünsche, Fragen gehen zu lassen und in einen Zustand friedvoller Ruhe einzutauchen. Vielleicht magst Du Dir dazu vorstellen, in einem Tempel aus tiefblauem Glas zu sitzen. Du kannst ihn Dir ausgestalten, wie er Dir richtig gut gefällt als Deinen inneren heiligen Ort. Das tiefblaue Licht hat eine beruhigende Wirkung auf Deinen Geist und Dein Gemüt.

Dann stell Dir vor, wie Du Dich an Deinem Platz in Deinem inneren Heiligtum niederlässt und Dein göttlicher Meister oder Dein Engel neben Dir steht und seine Hände auf Deine Stirn und Deinen Hinterkopf legt. Wohltuende Ruhe breitet sich in Dir aus, denn Du kannst all Deine kreisenden Gedanken in die Hände Deines göttlichen Helfers abgeben, in der Gewissheit, dass sie dort gut aufgehoben sind. Genieße diesen Zustand der Ruhe ...

Wenn Du dann wieder in Dein Tagesbewusstsein zurückkehrst, nimm Dir vor, das beruhigende blaue Licht Deines inneren Tempels in Deiner Aura zu behalten und es in gewissen Abständen durch Dich hindurchfließen zu lassen, um auch zwischendurch immer wieder zur Ruhe zu kommen.

In Ruhe gelingt Dir alles leichter und besser!

Friedvolle Grüße aus Deinem inneren Tempel sendet Dir, geliebter Mensch, **Dein Engel der Ruhe**

Affirmationen

Ich bin ruhig und gelassen, wann immer ich es will.

Tiefe Ruhe durchströmt mich.

Tief in mir ist ein Ort friedvoller Ruhe.
Ich tauche dort ein und schöpfe Kraft.

Ruhig und sicher gehe ich durch meinen Tag.

Eine Aura friedvoller Ruhe umgibt mich -
schützend und strahlend.

Abend - Gedanken

Guten Abend, lieber Mensch!

Nun, gegen Ende dieses Tages, lade ich Dich noch einmal in Deinen inneren Tempel ein, um zur Ruhe zu kommen.

Fühle die tiefblaue Energie und lass alles los. Gib Deine wirbelnden Gedanken ab in die Hände Deines göttlichen Helfers, der wieder liebevoll an Deiner Seite ist.

Nach einem kleinen Weilchen lasse in diesem Zustand der Ruhe Deinen Tag Revue passieren:

Konntest Du heute Momente der Ruhe genießen?

Hattest Du die Gelegenheit, Ruhe zu bewahren, während um Dich herum das Leben tobte?

Sind Dir vielleicht Menschen begegnet, deren Ruhe oder Unruhe Dir auffiel?

Und wie steht es mit Deinen Erwartungen? Welche Gedanken haben sich in welcher Weise erfüllt?

Wenn Du magst, bedanke Dich bei Dir für die Momente der Ruhe, die Du empfinden konntest. Bedenke: Auch kleine Augenblicke der Ruhe sind Geschenke, die Du Dir selbst und der Welt gemacht hast. In dieser hektischen Zeit ist jeder Mensch, der nur ein wenig mehr Ruhe als andere in sich trägt und dadurch auch ausstrahlt (denn Ruhe wirkt ansteckend), ein beglückender, heilender Impuls für das kollektive Bewusstsein.

Nun tauche wieder ein in die Ruhe Deines inneren Heiligtums und gleite in einen friedvollen erholsamen Schlaf hinein.

Eine gute ruhige Nacht, geliebter Mensch, wünscht Dir
Dein Engel der Ruhe

28. Tag

Heute schickt Dir Dein höheres Selbst den

Engel der Wahrhaftigkeit

Seine klare Energie erhellt Dein Bewusstsein und hilft Dir alles wahrzunehmen, was in Dir ist, und es in Liebe zum Ausdruck zu bringen. In diesem Moment fühlst Du ihn wie einen Sonnenstrahl in Deinem Denkapparat, und er sagt zu Dir:

„Sei mir gegrüßt, liebes Wesen. Ich weiß, dass es manchmal nicht leicht ist wahrhaftig zu leben, das heißt, die verschiedenen Gedanken- und Gefühlsebenen, die sich zuweilen sogar zu widersprechen scheinen, wahrzunehmen und herauszufinden, was Du wirklich willst. Und dann braucht es auch eine Portion Mut, um das, was Du für Dich als wichtig erkannt hast, auszudrücken und umzusetzen.

Wenn Du es erlaubst, helfe ich Dir dabei. Ich schaffe innere oder auch manchmal äußere Umstände, die Dich beflügeln, Deine Wahrhaftigkeit in sanfter, zärtlicher Weise, nämlich in Verbindung mit Deinem Herzen, zu leben.

Möchtest Du mich in Dein Leben einladen? Letzte Reste von Trübsal oder Langeweile werden sich auflösen, wenn mein Lichtstrahl Dein Bewusstsein erhellt und Deinen Kopf mit Deinem Herzen, sowie auch Dein Herz mit Deinem Bauch verbindet. So lebst Du im Einklang mit Dir selbst - zärtlich und wahrhaftig."

Zärtlichkeit und Wahrhaftigkeit

Morgen - Gedanken

Guten Morgen, geliebtes Wesen! Hast Du Dich schon einmal gefragt, wie wahrhaftig Du lebst? Wisse: Je mehr Du den Impulsen Deines Inneren folgst, umso interessanter, erfüllender und glücklicher wirst Du Dein Leben empfinden.

Vielleicht hast Du als Kind schon gelernt Deine Wahrhaftigkeit vor der Welt der Großen zu verbergen, und schließlich auch vor Dir selbst, weil Du sonst in unerträgliche Konflikte geraten wärst. Damit hast Du einen großen Teil Deiner Macht und Lebendigkeit abgegeben. Wahrscheinlich ging es damals nicht anders. Diese Zeit ist aber nun vorbei! Du bist erwachsen und nicht mehr von anderen abhängig. Nur Du entscheidest jetzt über Dein Leben. Dir selbst schuldest Du die Treue.

Willst Du einmal ehrlich Bilanz ziehen, wie treu Du Dir bist? Gibt es Aspekte Deines Lebens, in denen Du Dir noch untreu bist? Gehe dabei sanft und zärtlich mit Dir um. Es muss sich nicht mit einem „Hau Ruck" von heute auf morgen etwas verändern. Aber habe den Mut, zu Dir selbst ehrlich zu sein und Dir anzusehen, welche Angst Deiner Wahrhaftigkeit in bestimmten Bereichen Deines Lebens noch entgegensteht. Befürchtest Du vielleicht, mit bestimmten Wünschen, Gedanken, Verhaltensweisen von anderen Menschen nicht akzeptiert zu werden? Oder hast Du Angst vor eigenen Schuldgefühlen, die entstehen könnten, wenn Dein So-Sein mit dem eines Anderen schmerzlich kollidiert? Denke dann bitte daran, dass Du in einem anderen keinen Schmerz verursachen kannst, den derjenige nicht in sich trägt! Wenn Du ihn berührst, hilfst Du ihm, seine eigenen ungelösten Dinge ans Licht zu bringen.

Deine Anerkennung ist letztendlich nicht von anderen Menschen abhängig - das weißt Du ja mittlerweile, nicht wahr? Dennoch ist es nicht immer leicht, zu sich zu stehen und das, was in einem ist, wahrhaftig auszudrücken. Deshalb ist es wichtig, dass Du dabei ganz sanft und zärtlich mit Dir umgehst. Jeder kleine Gedankenschritt, der Dir erlaubt, etwas bisher sorgsam Verdrängtes vor Dir selbst zuzugeben, ist höchst wertvoll. Es würde Dir übrigens gut tun, Dich einem Freund damit anzuvertrauen. Jeder Moment, in dem Du den Mut hast, etwas zu sagen oder zu tun, was Du zuvor aus Angst vor inneren oder äußeren Konflikten nicht getan hättest, ist ein riesiges Geschenk, das Du Dir selbst machst. Überfordere Dich dabei nicht. Tue nur das, was im Einklang mit Deinem Herzen ist, denn es ist weise und weiß, was Dir wirklich dient. Es wird niemals von Dir verlangen, mit der Brechstange vorzugehen. Es hilft Dir, in Deiner Weise, in Deinem Tempo in die Haltung der Wahrhaftigkeit mehr und mehr hineinzuwachsen.

Wie wäre es, wenn Du Dir selbst heute die Treue versprichst? Du kannst daraus auch ein kleines Ritual machen - mit Kerzen, Musik, einem besonderen Saft oder Wein. Das muss natürlich nicht sein, auch wenn Du es spontan jetzt hier in diesem Moment nur in Deinem Geiste vollziehst, ist es ein besonderer, ja heiliger Augenblick. Sei sicher, Dein innerer Meister und Deine Engel sind dabei, wenn Du sie einlädst, voll Anteilnahme, Freude und Begeisterung.

Du könntest Dir z.B. folgende oder ähnliche Worte sagen oder auch in Dein Tagebuch schreiben:

„Ich will mich selbst lieben und achten.
Ich werde mich ehren und zu mir halten in guten wie in schlechten Zeiten,
mich beschützen und umsorgen und in Würde behandeln.
So sei es!

Oder

Mich selbst will ich lieben und gut zu mir sein,
will jeden Tag Gründe finden, mich zu freu'n.
Liebe ist da! Ich muss sie nur seh'n,
ich will zärtlich mit mir meinen eigenen Weg geh'n!"

Einen Tag voll Zärtlichkeit zu Dir selbst, verbunden mit dem Mut Dir selbst treu zu sein, wünscht Dir, verehrtes Menschenwesen,
Dein Engel der Wahrhaftigkeit

Affirmationen

Ich bin in meiner Wahrhaftigkeit liebenswert.

Ich habe das göttliche Recht, wahrhaftig zu sein und echt.

Meine Wahrhaftigkeit führt mich
in immer mehr Freiheit und Liebe hinein.

Ich lass mich darauf ein,
ganz und gar ich selbst zu sein.

Abend - Gedanken

Guten Abend, geliebtes Wesen!

Gab es heute Momente, Situationen, in denen Du Deine Wahrhaftigkeit gelebt und gespürt hast? Wenn ja, bedanke Dich bei Dir selbst.

Jetzt ist der Augenblick, in dem Du vollkommen frei und wahrhaftig Deinem höheren Selbst gegenübertreten kannst, um IHM alles zu sagen, was in Dir ist. Probiere es aus, wie es ist, alles vollkommen ungeschminkt sagen und zeigen zu können. Vor allem Dir selbst schuldest Du die Treue. Also sei ehrlich zu Dir. Ich helfe Dir dabei.

Was willst Du wirklich? Stell Dir die Frage mit unterschiedlicher Betonung auf jedem Wort. Setze Deinen Vornamen davor, und lass sie tief in Dein Gefühl einsinken.

..., was willst Du wirklich?

..., was willst Du wirklich?

..., was willst Du wirklich?

..., was willst Du wirklich?

Lass alle Antworten zu, und seien sie noch so merkwürdig oder scheinbar unerfüllbar. Du musst sie jetzt nicht in die Realität umsetzen. Und dann denke nicht mehr!

Kuschle Dich einfach ein in die Liebe Deines höheren Selbst und schlafe gut!

Eine erholsame Nachtruhe wünscht Dir
Dein Engel der Wahrhaftigkeit

29. Tag

Heute begleitet Dich der

Engel des Segens

durch den Tag.

Seine gütige Kraft strahlt aus seinen Händen, die er in diesem Moment segnend auf Deinen Kopf legt. Dabei sagt er zu Dir:

„Sei gegrüßt, geliebter Mensch, ich segne Dich und Deinen Weg. Ich segne Deine Gefühle, Deine Gedanken, Deine Worte und Deine Taten. Mein Segen fühlt sich an wie warmer Regen der Gnade, der in Dich hineinfließt und in Dir ein wohliges Gefühl von Frieden und Geborgenheit entstehen lässt.

Fühlst Du meine Lichthände, die schützend und segnend auf Deinem Kopf liegen?

Im Gewahr-Sein meines Segens kannst Du leichter durch Dein Leben gehen und Dich und die Menschen, die Deinen Weg kreuzen, leichter annehmen.

Ich segne Dich und Dein Leben, und ich bitte Dich, segne auch Du es selbst. Denn das, was Du segnest, wird Dir zum Segen."

Vertrauen und Segen

Morgen - Gedanken

Guten Morgen, geliebter Mensch!

Möchtest Du, dass Dein Tag Dir zum Segen wird? Dann segne ihn! Du brauchst dazu keinen Heiligen und auch keinen Priester. Du selbst hast Liebe in Deinem Herzen und kannst Dich selbst und alle Menschen, die Deinen Weg kreuzen, mit Liebe bestrahlen - also segnen.

Du darfst darauf vertrauen, dass alles, was Dir geschieht, einen Sinn für Dich hat, ein Geschenk in sich birgt, das Du vielleicht nicht immer sofort als solches erkennen kannst, das aber dennoch da ist. Wenn Du nur ansatzweise darauf vertraust, kannst Du Deinen Weg wesentlich leichter gehen. Vertrauen hilft Dir, mit liebenden Augen, mit Segen im Blick durch die Welt zu gehen. In dieser Weise fühlt sich vieles weitaus angenehmer an.

Magst Du es ausprobieren, wie eine segnende Grundhaltung Deinen Weg verzaubern kann?

Wenn ja, dann nimm Dir am Morgen einige Minuten Zeit, und stell Dir vor, wie Du Dir selbst gegenüberstehst und Dir Deine Hände segnend über den Kopf hältst. Licht fließt aus Deinen Händen, während Du sagst oder denkst: „Ich segne mich."

Dann stell Dir kurz die Menschen vor, denen Du heute voraussichtlich begegnen wirst, und halte Deine segnenden Hände über deren Köpfe, um sie mit Licht und Liebe zu bestrahlen, und denke dabei: „Ich segne Dich."

Du kannst auch eine Situation oder einen Raum mit Menschen auf diese Weise segnen. Besonders hilfreich ist es, die Menschen bzw. Situationen zu segnen, von denen Du vermutest, dass Du es mit ihnen eventuell nicht ganz leicht haben könntest. Bedenke dabei, dass jeder gute Gedanke eine positive Kraft freisetzt, die einerseits dem Anderen gut tut, aber vor allem Dir selbst ein Gefühl von Frieden und Wohlbefinden bringt. Du tust das, wie alles andere auch, zuerst für Dich selbst.

Vielleicht magst Du es ausprobieren, schließlich sogar Deine sogenannten Gegner zu segnen, was nicht heißt, dass Du sie lieben musst. Durch sie erhältst Du große Wachstumschancen. Außerdem segnest Du in ihm den Teil in Dir, den Dein sogenannter Gegner Dir spiegelt.

Vielleicht kannst Du schon bald die Erfahrung machen: Was Du segnest wird Dir zum Segen.

Schützend halte ich den ganzen Tag meine Hände über Dir und bestrahle Dich mit Liebe.

Es grüßt Dich **Dein Engel des Segens**

Affirmationen

Ich bin gesegnet, bestrahlt mit Liebe, ich segne mich.

Im Segen Gottes wandere ich vertrauensvoll durch den Tag.

Ich segne mich und die Menschen in meinem Leben
und erhalte ein gesegnetes Leben.

Was ich segne, wird mir zum Segen.

Vertrauensvoll gehe ich durch den Tag
und segne, was er mir bringen mag.

Segen bin ich, Segen strahle ich aus, Segen erhalte ich.

Ich segne mich und mein Heim,
meinen Weg und mein Sein.

Abend - Gedanken

Guten Abend, geliebter Mensch!

Du weißt nun, segnen heißt mit Liebe bestrahlen, und was Du segnest, wird Dir zum Segen.

Du kannst auch Deine Vergangenheit segnen, damit sie Dir zum Segen wird. Durch diesen Vorgang nimmst Du sie in Dein Herz, und alte Verletzungen können nach und nach dadurch heilen.

Wenn Du segnest, bist Du mit Deiner Kraft in Verbindung, dann bist Du nicht Opfer sondern Täter, Wohltäter!

Vielleicht hast Du noch immer ein wenig Scheu, solch eine „heilige Handlung" zu vollziehen. Dazu sage ich Dir: „In Dir ist alle Weisheit und Liebe, alle Kraft, die auch einen guten Priester ausmacht. Das Heilige ist in Dir und wartet darauf, entdeckt und genutzt zu werden. Vielleicht kannst Du bald oder sogar jetzt schon erkennen, dass Liebe heilt.

Segnen - mit Liebe bestrahlen - ist also eine heilende Handlung, die Du an Dir selbst und anderen vollziehen kannst. Und wenn Du Dich fragst: Wo soll ich die Liebe hernehmen, ich empfinde sie noch gar nicht so umfassend? Dann sage ich Dir: Sei sicher, sie ist in Dir, wenn auch vielleicht noch etwas verborgen hinter den Mauern, die Deine alten Wunden errichtet haben. Tief in Dir bist Du eins mit der göttlichen Essenz, tief in Dir ist göttliches Licht, Du bist göttliches Licht! Auch ohne es zu fühlen kannst Du Dich und andere mit göttlichem Licht bestrahlen, indem Du es einfach herbeirufst - aus der jederzeit verfügbaren, für jeden anzapfbaren universellen göttlichen Quelle.

Wenn Du segnest, rufst Du Liebe herbei, die gar nicht fühlbar Deine eigene sein muss, und leitest sie weiter an Dich und andere durch die Worte: „Ich segne ..."

Du kannst segnen, ohne Liebe empfinden zu müssen, und das Interessante ist, dass irgendwann bei diesem Vorgang die Liebe, die Kraft in Dir fühlbar wird. Probier es einfach aus!

Vielleicht möchtest Du bei der jüngsten Vergangenheit anfangen - bei diesem Tag ...

Segne Dich, segne die Menschen, denen Du begegnet bist, und auch die Menschen, die es Dir nicht leicht gemacht haben.

Segne das Schöne, das Angenehme dieses Tages, und segne auch das, was vielleicht schwer war.

Und nun segne Deinen Schlaf heute Nacht.

Auch ich halte meine Hände jetzt schützend und segnend über Dich.

Eine gesegnete Nacht und gute Träume wünscht Dir, liebes Wesen,
Dein Engel des Segens

30. Tag

Geliebter Mensch, hier bin ich nun wieder, ich,
Dein höheres Selbst, das sich Dir am Anfang dieser Reise
als Dein Führungs-Engel vorstellte, bin der

Engel der Liebe

29 Facetten von mir hast Du nun kennen gelernt - 29 Energiequalitäten, die Dich liebevoll unterstützen, leiten und beflügeln können, wenn Du sie einlädst in Dein Leben.

29 Engelkräfte habe ich Dir gesandt. Natürlich sind noch viel mehr Engel da und warten darauf, von Dir gerufen zu werden, z.B. die Engel der Begeisterung, der Entschlossenheit, der Demut, der Großzügigkeit, der Stille, des Entzückens ... Sie und noch viele andere Engelfreunde kannst Du im Laufe der Zeit zu Dir bitten und ihre Energie erfühlen.

Wen und was Du in Dein Leben einlädst, bestimmt Dein Erleben. Dabei sollst Du wissen: Wen und was Du auch immer zu Dir rufst - meine Liebe ist immer für Dich da.

Stets ist ein dicker, leuchtender Strahl meiner bedingungslosen Liebe auf Dich gerichtet. Manchmal kannst Du ihn vielleicht schon spüren, manchmal bist Du auf etwas ganz anderes ausgerichtet. Das ist in Ordnung so. Du weißt nun, meine Liebe ist immer für Dich verfügbar, und sie kann Dir, wenn Du nur bereit bist, ihr Raum zu geben, auf vielfältige, oft wundersame Weise helfen, Kraft geben, und Dich daran erinnern, dass das „Ja“ zu Dir und Deinem Leben, so wie es in jedem Moment ist, Dir den oft so ersehnten Frieden schenkt, in dem Du aus Deinem Herzen heraus denken, fühlen und handeln kannst in der Gewissheit: Du bist nicht allein - nie und nirgends - denn wir, Dein höheres Selbst und alle Engelfreunde, sind für Dich da.

WIR sehen Dich in Deiner wundervollen Einzigartigkeit
voller Achtung, Respekt und Mitgefühl.
WIR kennen Dich in Deiner ganzen göttlichen Strahlkraft.
WIR begleiten Dich durch Schönes und Schweres
und lassen Dir überall Kraft und Liebe zufließen.
WIR lieben und unterstützen Dich,
Tag für Tag, Nacht für Nacht,
an jedem Ort, zu jeder Zeit
und durch Dein Herz antworten stets in Liebe
WIR.
Denn WIR sind mit Dir
EINS.

Erwachen und Liebe

Morgen - Gedanken

Sei gegrüßt in Liebe, Du wundervoller Mensch - Wesen des Himmels und der Erde!

Es ist an der Zeit zu erwachen - in das Bewusstsein hinein, dass Du nach Liebe nicht mehr suchen musst, dass Du um Liebe nicht mehr ringen musst, dass Du Liebe nicht erarbeiten kannst. Liebe ist da - sie ist unser aller natürlicher Seins-Zustand. Liebe ist der Stoff, aus dem wir bestehen, Liebe ist die Energie, die uns durchflutet, Liebe ist der Raum, in dem wir leben. Wie ein Fisch, der sich fragt: Was ist Wasser? So sind wir, manchmal noch ohne es zu wissen, eingebettet in das, was uns leben lässt: in Liebe.

Angst, Leistungsdruck und gesellschaftliche Zwänge entfernen uns lediglich von unserem wahren Selbst, das Liebe ist und unveränderlich in der Liebe ruht. Angst ist die erlernte Illusion, dass wir in einem unfreundlichen Universum leben. Findest Du nicht, dass es Zeit ist, aus dieser Vorstellung herauszutreten, lieber Mensch?

Wenn Du Dich entscheidest, darauf zu vertrauen, dass allem ein tiefer Sinn und ein nicht immer offensichtlicher Segen zugrunde liegt, und dass die Kraft Deiner bewussten und unbewussten Gedanken sich in Deiner Wirklichkeit widerspiegeln, wirst Du mehr und mehr das erleben, was Deinem Vertrauen entspricht.

Willst Du den Gedanken wählen, in einem liebevollen Universum zu leben? Dann wirst Du genau das erfahren!

Ich, Dein höheres Selbst, schicke Dir jeden Tag Erfahrungen der Liebe.

Ich liebe Dich

- durch den Wind, mit dem ich Dich streichele,
- durch das Lächeln eines Menschen, der Dir irgendwo begegnet,
- durch den Genuss eines guten Brotes,
- durch die Blumen, die irgendwo blühen und ihren Duft verströmen,
- durch die Weichheit Deiner Kuscheldecke,
- durch die Sterne, den Mond und die Sonne, die ihr Licht verlässlich auf Dich herniederstrahlen,
- durch einen überraschenden Anruf,
- durch eine gute Idee, die Dir in Deine Gedanken kommt,
- durch ein Gespräch mit Kollegen, Freunden oder Bekannten,
- durch ...

Ich wirke vielfach durch die Menschen, denen Du begegnest. Auch andere höhere Selbst wirken durch Dich.

Möchtest Du Dich heute bewusst darauf einlassen, die Liebe der unbegrenzten himmlischen und irdischen Weite durch Dich wirken zu lassen? Möchtest Du Dich für die Grundhaltung der Liebe entscheiden? Es ist ein herrliches Geschenk, das Du Dir selber machst (und natürlich auch der Welt), wenn Du offene Augen hast für die Liebe, die ich, Dein höheres Selbst, Dir in vielfältiger Weise jeden Tag schicke; und auch offene Augen hast für die vielen Gelegenheiten, Dir selbst und anderen Liebe zu schenken. Damit gibst Du Dich bewusst der Gesamtheit der höheren Wesen (die aus dem höheren Selbst eines jeden Menschen besteht) hin in der Bereitschaft, ihre Liebe auf Erden für Dich selbst und für viele Menschen fühlbar zu machen.

Du wirst erstaunt sein, wie wunderbar es ist, Liebe zu bringen. Du bist dann nicht mehr abhängig davon, Liebe zu bekommen, Du bringst sie den Menschen und Dir selbst, indem Du Dich einfach in die Grundhaltung der Liebe begibst. In dem Moment, wo Du anderen oder auch Dir selbst Liebe gibst, kannst Du sie selbst fühlen.

Das können viele einfache Dinge sein, durch die Du Deine Liebe verströmst:

- die Bereitschaft, einem Menschen verständnisvoll zuzuhören
- ein lächelnder ermutigender Blick
- ein kleines überraschendes Blümchen (vielleicht sogar für einen ziemlich fremden Menschen)
- einen Euro für irgendjemanden (vielleicht entgegen aller Prinzipien)
- eine überraschende Postkarte
- ein Wort der Anerkennung für etwas, das vielleicht schon selbstverständlich ist
- eine kleine Überraschung an der Türklinke des Nachbarn
- ein Zettelchen mit einem aufmunternden Spruch
- ein Lichtstrahl aus Deinem blauen Tempel an einen Menschen, an den Du gerade denkst,
- ein abgeschriebenes, fotokopiertes oder selbstverfasstes Gedicht an einen Menschen , der Dir in den Sinn kommt.

Es gibt unendlich viele Möglichkeiten, und Deiner Phantasie sind keine Grenzen gesetzt.

Und während Du fühlst, was diese grundsätzliche Haltung der Bereitschaft, Liebe zu geben, mit Dir macht, wirst Du das Prinzip des Resonanzgesetzes erleben: Das, was Du aussendest, kehrt in vielfältiger Weise zu Dir zurück!

Nun, wie ist es, lieber Mensch? Möchtest Du erwachen in die Grundhaltung der Liebe hinein - in Deinen ursprünglichen Seins-Zustand? Möchtest Du erwachen aus dem Traum der Machtlosigkeits- und Angstillusionen? Möchtest Du Entdecker und Vollstrecker der Liebe sein?

Nichts anderes ist dazu nötig, als Deine grundsätzliche Bereitschaft. Du weißt es: Das Zauberwort heißt „Ja“. Der Himmel hilft Dir dabei, es umzusetzen. Sage dreimal „Ja“ - und das Wunder vollzieht sich - das Wunder Deines Erwachens in die große Macht Deiner Liebe.

Wenn Du magst, feiere heute Dein Erwachen mit einer Handlung. Du kannst z.B.

- dafür eine Kerze anzünden
- Dir etwas Leckeres zu Essen besorgen
- einen Freund einladen, ihm davon erzählen und vielleicht gemeinsam mit ihm feiern
- ein Bild malen, einfach aus Freude am Tun, ohne das Ziel, ein besonderes Ergebnis zu erzielen
- ein Bade-Ritual Deines Erwachens gestalten
- Dir eine schöne Musik auflegen und vielleicht dazu tanzen
- oder ... oder ... oder ...

Wie auch immer Du Deinem Erwachen Ausdruck verleihst, es ist ein besonderer Tag. Erlebe ihn mit diesem Bewusstsein, und erwarte frohen Mutes die Geschenke, die er Dir bringt.

Einen gelungenen, wundervollen Tag wünscht Dir, geliebter Mensch, **Dein Engel der Liebe**

Affirmationen

Ich bin Liebe,
ich lebe Liebe,
ich fühle Liebe.

Ich bin Liebe, ich bin Licht
und sehe das Leben aus dieser Sicht.

Ich bin in Liebe -
frei, stark und sicher.

Ich sage „Ja" zu meiner Liebe mit Macht -
und vertraue!

Mein Urzustand ist Liebe.

Ich bin geliebt, ich liebe mich,
genauso wie ich bin.

Ich schenke mich dem Leben ganz,
und das Leben schenkt sich mir.

Liebe nährt mich,
Liebe schützt mich,
Liebe trägt mich.

Liebe lässt mich meinen Reichtum fühlen.

Aus Liebe bin ich,
in Liebe gehe ich,
durch Liebe lebe ich.

Liebe führt mich sicher heim -
in mein Herz.

Abend - Gedanken

Ich wünsche Dir einen krönenden Abend, liebes Wesen!

Ein 30-Engel-Zyklus ist nun vollendet, und ich möchte Dir heute Abend die Krone der Liebe schenken. Diese aus zartestem Lichtgespinst gewobene Krone wirst Du auf Deinem Kopf nicht als Last, sondern als etwas spüren, das Dich leicht macht. Sie fungiert als kosmischer Trichter, der das Licht und die Liebe des Himmels in Dich hineinfließen lässt. Wann immer sich etwas schwer anfühlt, denke an Deine Lichtkrone und an das Licht, das durch sie in Dich hineinfließt. Sie wird Dir nun immer zur Verfügung stehen.

Nun zu dem heutigen Tag:

In welcher Weise hast Du heute meine Liebe erfahren? Wenn Du magst, denke oder schreibe in Dein Tagebuch: Heute schenkte mir mein höheres Selbst Liebe durch z.B. ...das freundliche Wort der Bäckersfrau, ... meinen Chef, der mir ein anerkennendes Wort sagte, ... mein Kind, das mich küsste, usw. Vielleicht möchtest Du Dich dafür bedanken?

Gab es auch Gelegenheiten, in denen Du in irgendeiner Weise liebende Gesten für andere weitergeben konntest? Bedenke, dass jedes freundliche Wort, jedes Lächeln dazugehört. Wenn Du magst, danke auch Dir selbst für Deine persönliche Liebesschwingung.

Du bist, nachdem Du diesen 30-Engel-Zyklus durchlebt hast, nun nicht mehr der gleiche Mensch wie vorher. Wie intensiv oder eher oberflächlich Du dieses Buch auch gelesen hast, Du bist mit Gedanken und Energien in Kontakt gekommen, die Dich in liebender Weise berührt haben und immer wieder berühren werden, wenn Du es zulässt. Deine Reise geht weiter. Ich, Dein höheres Selbst, der beste kosmische Reiseleiter, begleite und führe Dich mit meinen liebevollen weisen Impulsen.

Vielleicht möchtest Du Dich auch weiterhin von Engelfreunden beflügeln lassen. Du kannst weitere Engel-Zyklen durchspielen und wirst in immer neue Ebenen Deiner Liebeskapazität hineinwachsen. Jedes Mal wirst Du die Anregungen auf tiefere Weise verstehen und vielfältig in Deinem täglichen Leben umsetzen können.

Vielleicht magst Du auch neue Engel und dazugehörige Inspirationen finden, z.B. für den 31. Tag des Monats? Das Engelreich wartet darauf, von Dir entdeckt zu werden! Ich segne jeden Deiner Schritte.

Ich, Dein höheres Selbst, wirke durch so viele Gestalten, Situationen und Aspekte Deines täglichen Lebens. Immer neue Formen suche ich, um mich Dir fühlbar zu machen.

Hier hast Du mich in meiner Vielfalt von Energien mit einem Team von 30 Engeln kennen gelernt, die alle Strahlen und Ausdrucksformen des Lichts in Dir und um Dich herum sind.

Schlafe Du nun gut, geliebtes Wesen, im Wissen, dass ich mit allen Engeln Deinen Schlaf behüte, heute und an allen Tagen!

Es gilt die Zusage:

WIR sind bei Dir -
Tag für Tag, Nacht für Nacht,
an jedem Ort, zu jeder Zeit.
Und durch Dein Herz antworten stets in Liebe WIR.
Denn WIR sind mit Dir eins.

Es grüßt Dich in tiefer bedingungsloser Liebe
Dein Engel der Liebe. Er ist gleichzeitig Dein Führungsengel, Dein höheres Selbst, Dein Freund im Reiche des Lichts, der sich Deine gesamte Lebensgeschichte zusammen mit Dir „ausdenkt".

31. Tag

oder auch irgendein Tag des Monats, an dem Du
noch eine weitere Engelbotschaft empfangen möchtest.

Heute bist Du eingeladen etwas ganz Eigenes zu finden, einen

Engel, den Du in Dein Leben rufst

Geliebter Mensch!

Wir freuen uns, dass wir Dich bis hierher begleiten und inspirieren durften.

Heute laden wir Dich ein, auf eine andere Weise als bisher mit uns, den Engel-Energien, in Dir und um Dich herum in Verbindung zu kommen.

Fühle einfach in Dich hinein, welche himmlische Kraft Dir in diesem Moment gut tun würde. Welcher Engel tritt jetzt in Dein Bewusstsein? Es kann sein, dass Du einen Namen (z.B. Engel der Geborgenheit, der Wärme, der Klarheit ...) auf Deinem inneren Bildschirm siehst, oder dass Du Worte in Dir hörst, oder dass Du einfach ein Gefühl in Dir aufsteigen spürst. Öffne Dich vertrauensvoll für das, was kommt. Die Kräfte und Wirkungsweisen der Engel sowie auch ihr Erscheinen in unserem Bewusstsein sind so unendlich vielfältig.

Bitte Dein höheres Selbst, Dir jetzt den Engel zu offenbaren, der für Dich in diesem Moment hilfreich ist. Werde dann ganz still, öffne Dich für das, was kommt. Du bist ganz sicher unterstützt von den Kräften des Lichts und der Liebe, von Mutter Erde und Vater Himmel.

Vielleicht magst Du Dir vorstellen, nährendes Licht in einer von Dir gerade als angenehm empfundenen Farbe durch Deine Füße in Dich hineinfließen zu lassen, von unten nach oben, bis es an dem obersten Punkt Deines Kopfes wie ein Springbrunnen wieder aus Dir heraussprudelt. Fortwährend bist Du versorgt mit der guten kraftspendenden Energie von Mutter Erde. Auch der Himmel sorgt für Dich, geliebter Mensch. Dein höheres Selbst hat Dir einen Stern mit dem ureigenen für Dich bestimmten Licht in dieses Leben hineingegeben. Er ist, für das physische Auge unsichtbar, Dein ganzes Leben direkt über Dir. Es ist Dein Seelenstern, der Dich überall hinführt und begleitet, und Dich mit seinem milden, heilenden Licht bestrahlt, wie eine Lichtdusche. Dieses Licht fließt durch all Deine Poren in alle Zellen hinein und bringt sie von innen her zum Leuchten, so dass Dein Herzraum, der durch ein ewiges Licht in der Mitte Deiner Brust erleuchtet ist, bald ganz weit wird und wie eine Sonne aus Dir herausstrahlt.

Im Licht und Frieden Deiner Herzsonne, verbunden mit der Kraft der Erde und dem Licht des Himmels, kannst Du nun ganz leicht die Botschaft Deines Engels, der jetzt zu Dir kommt, empfangen:

Und sollte Dir auf diese Weise doch nichts „kommen" - manchmal ist das einfach so - dann frage Dich: Welcher Engel wäre mir jetzt am liebsten? Was wäre das Schönste, das er mir jetzt sagen könnte? Denke Dir einfach aus, was Dir jetzt gut tun würde:

Vielleicht hast Du ja Lust die Gedanken, Empfindungen und/oder Bilder, die Dir gerade in den Sinn kamen, zu notieren?

Falls Du Dir etwas aus-gedacht hast, sei sicher, genau diese Gedanken hat Dir Dein höheres Selbst gerade geschickt. Denn warum hast Du gerade jetzt dieses und nichts anderes gedacht? Sei sicher, in einem anderen Moment wäre Dir etwas anderes ein-gefallen - hineingefallen in Deine Vorstellungswelt. Dir fällt immer genau das zu, was Du brauchst. So nur ist Zu-fall zu definieren, als etwas zu Dir Passendes, das Dir zu-fallen soll. Und nur das kannst Du Dir aus-denken. Woraus nimmst Du es? Aus der Ebene Deiner Inspiration!

Mit einem liebevollen Lächeln möchten wir uns nun bei Dir für all die Erfahrungen, die wir miteinander gemacht haben, bedanken, geliebter Mensch, Wesen des Himmels und der Erde.

Wir freuen uns, dass Du Dir erlaubt hast, uns in den 30 Tagen dieses Engel-Zyklusses mit unseren Botschaften und Anregungen zu empfangen.
Vielleicht hast Du ja Lust, bald wieder einen neuen Engel-Monat mit uns auf diese Weise zu durchleben. Dabei werden immer wieder neue Empfindungen, Assoziationen, Bilder und Gefühle in Dir entstehen. Jeder von uns Engeln kann von Dir immer wieder auf andere Weise erfahren werden.
Du wirst in Deiner eigenen Art immer weitere Engel-Energien, -Botschaften und -Erfahrungen in Dein Leben einladen, wenn Du es willst.

In tiefer Liebe sind wir mit Dir und allen Mitreisenden verbunden. Wir umsorgen und begleiten Dich, greifen aber nur dann in Dein Leben ein, wenn Du uns darum bittest. Das darfst Du gern tun, so oft Du es willst. Wir lieben es, für Dich tätig zu sein. Lade unsere Hilfe nach Herzenslust ein in Dein Leben.

Über die Autorin

Marina Kaiser, geboren 1958, ist von Beruf Erzieherin. Sie lebt und arbeitet als Heilpraktikerin, Reiki-Lehrerin und spirituelle Lebensberaterin in Berlin. (www.marina-kaiser.de)

Folgende Bücher sind bisher von ihr erschienen:

Auf dem Weg ins Vertrauen
ISBN 3-8138-0529-8

Briefe Deines Königs
ISBN 3-8138-0528-X

Carolines Weg durch die Angst oder
Die Macht der Liebe des Maharadscha
ISBN 3-8267-4322-9

Notizen

Notizen

»Die Welt der Engel«

Richard Webster

Engel helfen

Unsichtbare Freunde auf dem Lebensweg

Engel bewachen unser Leben. Ihre Stimmen geben uns Rat, wann immer wir ihn benötigen. Richard Webster führt Sie leicht verständlich Ihrem eigenen Schutzengel zu. Geistführer werden zu Ihren besten Freunden, wenn Sie es wünschen. Werden Sie zu einem Medium für Erzengel und himmlische Helfer. Werden Sie frei für Ihre eigene schöpferische Kraft. Sie kommen in Resonanz mit Ihren innersten Bedürfnissen. Dieses Buch zeigt Ihnen, was Sie tun können, um ein erfülltes Leben in Zufriedenheit und Wohlstand zu führen.
Richard Websters von Herzen kommende Worte werden Sie berühren. Ihre Verbindung mit Gott und zu seinen himmlischen Helfern wird wieder erwachen und Ihr Leben bereichern.

broschiert, 192 Seiten · € (D) 12,90 / SFr 23,50 · ISBN 3-931723-25-9

Sieglinde Grommet

Karten für ein Göttliches Bewusstsein

Diese Affirmationskarten sind göttliche Botschaften, die Ihnen helfen, Ihr Leben neu zu gestalten.

Um Ihnen Anregungen für ein Leben voller Freude und Glück zu geben, wurden diese Karten entwickelt. Vergessen Sie nicht, Sie sind hier um glücklich zu sein. Freuen Sie sich über die göttlichen Botschaften, die Ihnen durch Engel vermittelt werden.

90 Karten, Format: 5,8 x 9 cm, mit Anleitung
€ (D) 17,90 / SFr 33,30 · ISBN 3-931723-15-1

Lorna Todd

Im Lichtreich der Engel und Naturgeister

Kontakt und Kommunikation mit unseren unsichtbaren Helfern

Die bekannte britische Hellseherin Lorna Todd steht mit der unsichtbaren Welt der Tiere und Mineralien, der Devas von Bäumen und Blumen und mit den Engeln in ständiger Verbindung. Und jeder kann das lernen.

gebunden, 128 Seiten · € (D) 13,90 / SFr 25,10
ISBN 3-931723-07-0

Lorna Todd

Geistige Helfer

Mit Meistern und Lichtwesen die eigene Heilgabe aktivieren

Lorna Todd ist Engländerin und lebt abwechselnd in ihrem Geburtsland und in Südafrika. Sie ist als mediale Beraterin tätig und steht in ständigem Kontakt mit Engeln und Natur-geistern. Ein leicht geschriebenes Buch für alle, die sich für die Kontaktaufnahme mit Engeln, Meistern und unsichtbaren Helfern interessieren und auch selbst heilend tätig sein wollen.

gebunden, 192 Seiten · € (D) 14,90 / sFr 26,80
ISBN 3-931723-22-4

Ingrid Malzahn

Pater Pio von Pietrelcina

Wunder, Heilungen und von der Kraft des Gebets

Als Pater Pio am 23. September 1968 starb, hinterließ er das Versprechen, daß er auch aus der jenseitigen Welt zum Wohle der Menschheit weiterwirken wolle. Und so kommt es auch heute noch zu unerklärlichen »Begegnungen« mit dem im Juni 2002 heilig gesprochenen Pater Pio…

gebunden, 136 Seiten, 16 s/w Abbildungen
€ (D) 14,90 / SFr 26,80 · ISBN 3-931723-12-7

Fiorella Turolli

Fra Elia – der Engel mit den Wundmalen Christi

Ein Leben heute in der Nachfolge Pater Pios

Dies ist die unglaubliche Geschichte des 42jährigen Elia, der in Italien lebt und durch den Gott Wunder geschehen lässt. Wie einst Pater Pio trägt Elia die Wundmale Christi und kann Krankheiten erkennen und heilen. Wie Pater Pio verfügt er über ungewöhnliche Fähigkeiten.

Während der drei Tage, die dem Osterfest vorausgehen, erlebt er die Leidens-Passion Jesu, dessen Tod und die Auferstehung.

Er wird von seinem Engel begleitet, den er sieht und hört und der ihn in jenseitige Sphären führt.

In diesem Buch berichtet die Autorin über ihre Begegnung mit Fra Elia und seine Wunder und lässt Augenzeugen zu Wort kommen.

gebunden, 192 Seiten, 13 farbige Photos
€ (D) 18,90 / SFr 33,40 · ISBN 3-931723-24-0

Heidrun Streit-Gallo

Meditationen auf dem Weg zu mir

Harmonie und Wellness für die Seele

Mit den Phantasiereisen gelangen Sie zu den Zentren Ihrer Kraft. Lernen Sie den Ballast des Alltags einfach abzuwerfen. Sie können Farben und Düfte wahrnehmen, Bilder sehen, Gefühle intensiver empfinden. Sie erfahren Harmonie, Liebe, Frieden und Geborgenheit.

broschiert, 155 Seiten
€ (D) 11,90 / sFr 21,30
ISBN 3-931723-19-4

Ella Rohrbach

Einfach wohlfühlen

Gelassenheit und Harmonie in den Alltag bringen

In diesem Buch finden Sie Tipps und Übungen, wie Sie zu mehr Gelassenheit, Optimismus, Selbstvertrauen und Zuversicht gelangen. Zu jedem Thema gibt es wertvolle Hinweise, wie Düfte und Farben und eine leicht durchführbare Entspannungsübung zu Ihrem Wohlbefin-den beitragen.

broschiert, 128 Seiten
€ (D) 11,90 / sFr 21,30
ISBN 3-931723-21-6

Maria Anna Schmitt / Jürgen Grasmück

Feenzauber Mandalas

32 Mandalas zum Ausmalen mit Botschaften aus der faszinierenden Welt der Elfen und Feen

Malbuch, broschiert
Format: 24 x 26,5 cm
€ (D) 10,90 / sFr 19,70
ISBN 3-931723-20-8